七月社

父・徳助の霊前に捧ぐ

まえがき

最近の沖縄地元紙の紙面を賑わしている話題の一つが「沖縄空手」である。『沖縄タイムス』も『琉球新報』も、ほぼ毎週欠かさずに、各道場や流派、その歴史や著名な空手家、および国の内外への発展の状況などを紹介している。また、時には、それに加えて、新聞社の主催する空手家や研究者などの座談会、および県の空手振興課主催による空手アカデミーでの講演などについても報じている。

恐らく、空手好きの読者にとっては、興味津々、楽しくてたまらない記事であることは間違いないであろう。何を隠そう、私もその一人なのである。それを目にするたびに、空手の裾野の広さを改めて認識させられているのである。

しかし、その反面、理解に苦しむというか、あるいは腑に落ちないというか、どうにもすっきりしない点もないわけではない。沖縄の文化としての空手という具合に、「文化」の二文字が目に飛び込んでくる割には、民俗学や文化人類学の側からの、つまり文化の研究を専門とする側からの発言が、ほとんど見当たらないのである。

紙上で語られる沖縄空手の未来像の実現にも関わることであり、その状況は少しまずいのではないか、というのが私の率直な印象である。そうかと言って、おいそれと、誰か専門家に助けを求めるわけにもいかない。そこで、隗《かい》より始めよの言葉どおり、私自身が老体に鞭打って、筆を執ってみよう、と思った次第である。

いざ、筆を進めてみると、空手に関する従来の研究には、きちんと根拠を示さないまま語られる過去の推定が、余りにも多いことに驚いてしまった。それらが正当な空手の歴史として安易にまかり通るようでは、お先真っ暗としか言いようがない。研究者にとって当たり前のことであるが、実証不可能な過去の推定を排し、信頼に足る文献資料とその解釈に基づいて、現段階で言えることだけに限定すること、それを私自身再確認した。

私が最も関心を抱いているのは、空手の歴史である。それを二つの時代に分けて捉えることにしたい。一つは、「基本形の時代」で、空手が沖縄の武術として、ほとんど沖縄だけで行われていた時代のことである。もう一つは、「多様化の時代」で、空手が沖縄から飛び出し、他所に伝播し始める時期から今日までである。それら二つの時代のうち、本書では「基本形の時代」に限定して扱うことにしたい。「多様化の時代」については、別途準備中である。

具体的に言えば、私の専門は歴史学ではなく民俗学なので、空手に関する伝承資料をまず吟味し、それと文献資料とを嚙み合わせることによって、「基本形の時代」における三つの重要事項を明らかにしたいのである。すなわち、空手が沖縄固有の武術として初めて文献に登場する時期、中国武術の影響が認められる時期、およびそれらと今日的な「空手」の名称との関係である。

本書は、内容的には専門性を保ちながら、出来るだけ分かり易くまとめた小著のつもりであるが、論の展開や文脈をきちんと押さえるためには、最初から最後まで一気に読むのは、少々骨が折れるかも知れない。しかし、少しでも空手の歴史や民俗学に関心のある方々ならば、逆にその分だけ楽しめるかも知れないとも思っている。

二〇二一年二月吉日

津波高志

*目次

［凡例］

一、註は各章末に付した。

一、文献の引用の際、特に必要ない限り、新かなづかいに統一した。

一、文献の参照は、［著者名 出版年：頁］で示した。

一、参考文献は巻末にまとめた。

一、引用文中に、今日の人権意識に照らして不適切と思われる語句の使用があるが、時代背景を考慮しそのままとした。

第一章　本書の目的

最初に、一昨年（二〇一九年）、ある著名な空手家から私自身が直接伺った話を紹介したい。その方は、沖縄県内の空手指導者の中でも高齢のほうで、高弟達によって開設された海外の道場ともネットワークを築いている。その師範によれば、「世界中に空手が広がることは良いことであるにしても、どこの国とは言わないが、中には、想像を絶するような奇妙奇天烈《きみょうきてれつ》な所作を演じながら、それを空手と称している例もある」、とのことである。そして、苦笑しながら曰く、「とても空手とは思えない」、と。

沖縄発祥とされる空手は、今日ではＫＡＲＡＴＥとして世界的に知られている。オリンピックへの参加団体として認められている世界空手連盟（ＷＫＦ）には、一九三の国と地域が加盟し、その愛好者は一億三〇〇〇万以上とされている。[*1] 東アジアの片隅の小さな島に生まれ育った空手がそれほどの広がりを持つに至ったこと自体は、発祥地の側で大いに喜んで良いであろう。しかし、世界的に展開し、活況を呈すれば呈するほど、ルーツの空手とは乖離し、場合によっては、上記のような、とんでもない話までも飛び出してくるのである。

そのような状況の中で、空手の歴史を考えるとなると、発祥地の沖縄の空手と世界展開する空手との関係を一体どのように捉えたら良いのかという点が、どうしても問われることになる。つまり、沖縄に生まれ、沖縄で育ち続けてきた空手に対して、沖縄を離れ、他所で育ち続けてきた空手をどのように関連づけて捉えるのかという問題を、結局は突きつけられることになるのである。

本書では、その点を予め念頭に置き、さらに政治の変遷史とは異なり、文化としての空手の変化は波長が遥かに長いことを考慮して、空手史を大きく二区分して捉えたい。すなわち、空手が沖縄の武術として、ほとんど沖縄だけで行われていた時代と、空手が沖縄から飛び出し、他所に伝播し始めてから今日に至るまでの時代とである。そして、それぞれを空手史の「基本形の時代」と「多様化の時代」として区別したい。

ごく一般的なあり方として、他所に伝播した文化は、それぞれの土地なりの文化的枠組みで受容され、変化していく。*2 空手もその例外ではありえない。と同時に、沖縄在地の空手も社会の変化に応じて変化する。時代を二区分して、さらに伝播した空手だけでなく、沖縄在地の空手の変化も視野に入れなければいけないことになる。

それら二つの時代のうち、本書では「基本形の時代」に限定して扱うことにしたい。空手がほとんど沖縄だけで行われていた昭和初期頃までである。周知のとおり、沖縄の空手は、大正末期から昭和初期にかけて、どんどん本土に伝播していく。その時期頃までの空手史ということになる。

そのように時代の下限を区切って、具体的に考究の対象にするのは、主に次の三つの問いである。まず、空手は、いつ頃から文献の上で、その存在が確認されるのであろうか。また、よく話題にのぼる中国武術の影響は、いつ頃から文献の上で認められるのであろうか。さらに、名称として全国的に用いられるようになった「空手」とそれらとの繋がりは、文献の上でどのように示せるのであろうか。

それら三つの問いに共通するもっとも重要な点は、「文献の上で」ということである。それを敢えて強調するのは、従来の研究には文献を用いての論証とはほど遠い推定が余りにも多いからである。それを克服しないと、定説のない空手史の問題点がいつまでも残されたままになるのである。

それら三つの点を文献の上で一つの線として結ぶと、沖縄における空手の歴史のごく基本的な流れが描けるし、またそれによって空手がなぜ沖縄固有の武術と言えるのかという点についても時間的な深みの中で示せる、というのが私の考え方である。「基本形の時代」とは、それら三つの点が一つの線として結ばれる時代のことであり、それを「沖縄の空手―その基本形の時代―」として書名にも用いている、という次第である。

「基本形の時代」を捉えるための、文化論的な一つの方法として、空手を指示する固有語に徹底的に拘《こだわ》ってみたい。本書では、その用語を文献資料に対して伝承資料と呼び、有効活用したいのである。換言すれば、闇雲に文献資料に当たるのではなく、伝承資料を吟味し整理した上で、両者を嚙み合わせて、「基本形の時代」を描いてみたいのである。

伝承資料の性格上、まず最初に扱う材料は、現在ないし現在に近い過去のものばかりである。それを文献資料と照らし合わせて、時間軸上に配列していくことになる。従来の研究ではほとんど試みられたことのない方法ではあるが、空手の変化が描く軌跡と同時に、それを貫く継続性まで捉えようとすれば、どうしても避けて通ることのできない手順となるのである。

なお、本書では、「史料」という用語は用いない。文献でも、伝承でも、あるいはその他でも、歴史の研究に資することの出来る資料は全て史料ということになるであろうが、特に伝承の場合は、史料と史料でないものとを区別する基準が、私自身において明確でないからである。本書では、もっぱら、より意味の広い「資料」を用いることにしたい。

振り返ってみると、空手が沖縄から外に向かって、本格的に伝播し、普及していくのは、さほど古い時代のことではない。国内においてさえも、一九二二（大正一一）年の船越《ふなこし》義珍《ぎちん》＊3（一八六八―一九五七）の上京がその嚆矢となったのであり、せいぜい一〇〇年ほどしか経っていないのである。海外に至っては、当然ながら、その後のことであり、それもほとんどは戦後のことなのである。

とは言え、沖縄から他所に伝播することによって、空手には大きな変化が生じ、多様化してきた。それを等閑視して、空手の歴史を語ることは最早不可能なのである。沖縄の空手と沖縄から伝播し変化した空手とは、お互いに異文化同士の関係になっていると言っても、決して過言ではない状況も出現しているのである。文化として沖縄の空手を捉えるということは、同時に沖縄から伝播し多様化した空手を異文化として、その土地なりの内的な論理によって理解するという、相対論的な見地から捉えるということでもあるのである。

空手が世界的に展開するようになった伝播の経路を整理すると、大まかに二とおりに分けられる。一つは、大正末頃から昭和初期にかけて、船越義珍その他の沖縄の空手家達が本土へ伝播させ、[*4]それがさらに他所へ伝播されていく経路である。もう一つは、沖縄から本土を経ずに直接伝播していく経路である。なお、伝播普及の初期においては、「空手」ではなく、「唐手」が用いられたが、それについては後述する。

本土の経路で注目すべきは、沖縄における「先手なし」の伝統空手から「先手必勝」の競技空手への変化、[*5]および本土からの韓国とヨーロッパへの伝播である。東京経由で、競技空手化する以前に韓国に伝播した空手（または唐手）は、韓国の国技である跆拳道（テコンドー）へと変化していく。[*6]また、競技化した空手がヨーロッパに伝播し、世界空手連盟へと繋がっていく。[*7]

沖縄から本土を経ずに直接伝播していくルートで、最も目立つのは、戦後の米軍支配下で、軍人や軍属を通じて主にアメリカに伝播し、それが拡大しながら今日まで続く流れである。それに関しては、「まえがき」で述べたとおり、地元二紙に毎週興味深い記事が掲載されている。

その経路は、流派ごとの伝播という点が特徴的である。戦後この方、積み上げられてきたネットワークは、流派ごとの本部と支部の関係を構築し、流派単位で世界大会を挙行するほどの組織になっている。[*8]

それと意味合いは異なるが、戦前のかなり早い時期における沖縄からの海外移民、とりわけハワイへの移民にも注意する必要があるであろう。移住する前に空手を学んだ者達がいたのである。

一九〇五（明治三八）年から一九一八（大正七）年まで県立師範学校で唐手を教えていた屋《や》部憲通《ぶけんつう》は、一九二七（昭和二）年五月から九ヶ月間、ハワイに滞在した。新里勝彦によれば、その間、「オアフ、カウイ、マウイ、ハワイの四島を回って唐手の講話と演武を行った。その度にハワイの日本語と英語の新聞で記事となって報道された。七月八日にはオアフのＹＭＣＡで七〇〇名の観衆を集めて演武大会が行われた。演武者の中には、かつて沖縄で屋部から直接空手を教わった者や他の空手修練者も含まれていた」［新里 二〇〇八：五四五］。

その移民の空手に関して、沖縄でかつて学んだ者達を中心として県人だけで行っているのか、あるいは誰か指導者がいて、県外の者にまで教えているのかといった点が、残念ながらよく分からない。移民達によって空手がハワイまで運ばれていることは確かなのであるが、それを空手の伝播と見なすか否かの判断が難しいのである。

「空手が沖縄の武術として、ほとんど沖縄だけで行われていた時代」という時代区分のなかで、単に「沖縄だけで」とせずに、「ほとんど沖縄だけで」としたのは、その移民社会における状況を考慮してのことである。

海外への伝播の経路に関しては、大略、以上のとおりである。どの経路を辿ろうが、沖縄から外に向かって伝播し、受け入れた土地ではそこなりの変化を加え、それがまた世界に広がり、さらには沖縄に逆伝播したりもするという、ダイナミックな動きの中に今日の空手はある。

ただ、空手が世界のどこに伝播しようが、また各地で如何に変化し、その土地なりに姿形を変えようが、発祥地が沖縄である以上、最低限の共有すべき歴史があるはずである。本書の目的は、その共有すべき歴史、いわば「空手史の基本形」を明らかにすることである。

空手の発祥地とは言いながらも、「基本形の時代」には、いまだ典拠を明示した定説がないのは残念至極である。それを早急に何とかしないことには、「とても空手とは思えない」ところの「歴史」が横行しかねないのである。

＊1　「東京2020オリンピック―全日本空手道連盟」（https://www.jkf.ne.jp/wp-content/themes/jkf/document/other/for_media_document.pdf）による。
＊2　馬淵東一は、琉球的な世界観は、「古い時代からさまざまな仕方で琉球の住民に作用を及ぼした

外的影響に抵抗する上でも、あるいは、これを自己の側に同化する上でも、有効だったに違いない」と述べている［馬淵 一九七四（一九六八）：四五三］。

本書では、その説明を異文化を拒絶したり、受容したりする際のあり方として、一般化して用いている。それに関して、選択的適応という概念がよく用いられているが、適応よりも受容を重視すれば、選択的受容ということになる。馬淵の考え方はそれに近いと思われる。

＊3 船越の旧姓は「冨名腰」で、戦後、「船越」に改姓した。ところが、戦前の著作では「冨名腰」ではなく、「富名腰」を用いている。本書では、混乱しないよう、戦前の著書の執筆者名も含めて、一貫して「船越」としたい。なお、船越は戸籍上は一八七〇（明治三）年生まれとなっているが、実際には一八六八（明治元）年生まれである［船越 一九七六（一九五六）：五七］。

＊4 船越義珍が上京した一九二二（大正一一）年から一九三〇年代末（昭和初期）あたりにかけては、船越以外の著名な唐手家達、すなわち本部《もとぶ》朝基《ちょうき》（一八七〇—一九四二）や摩文仁《まぶに》賢和《けんわ》（一八九〇—一九五二）、宮城長順《みやぎちょうじゅん》（一八八八—一九五三）なども本土に渡り、その普及に努めた時期である。その結果、本土における四大流派が誕生し、戦前の武道の統括組織であった大日本武徳会に次々と登録されたのである。

四大流派と登録の年は、次のとおりである。船越義珍を代表とする松濤館《しょうとうかん》は一九三五年で、松濤は船越の雅号である。摩文仁賢和の糸東《しとう》流は一九三七年で、流派名は摩文仁の師匠である糸洲《いとす》安恒《あんこう》と東恩納寛量《ひがしおんなかんりょう》の苗字を合わせたものである。船越の弟子の大塚博紀《おおつかひろのり》（一八九二—一九八二）が開始した和道《わどう》流は一九三九年で、大塚は船越の他、摩文仁や本部の指導も受けたとされる。宮城長順の剛柔《ごうじゅう》流も和道流と同じ一九三九年であるが、名称は中国の兵法書の一節に基づいて、一九三〇年に宮城自身が名づけ、唐手最初の流派名となった［ソリドワール・魚住 二〇一〇：一八四―一八六］。

*5 なお、遠山寛賢《とおやまかんけん》（一八八八―一九六六）は、船越などより少し後の一九三〇（昭和五）年に上京し、修道館《しゅうどうかん》を開設した［高橋 二〇〇八：四七〇］。

本土における空手界の組織化と空手の競技化とは深い関係にあった。マーヤ・ソリドワールと魚住孝至によれば、その経緯は次のようであった。

本土に伝播した唐手（後に空手）は、統一化された組織には成っていなかった。戦後、一九四八年に、組織化が始まったが、流派を超えるには至らなかった。流派別に、松濤館の「日本空手協会」、和道流の「全日空手連盟」、剛柔流の「空手道剛柔流振興会」が発足していた。流派を超えた組織化は、学生達の手でなされた。一九五〇年、「日本学生空手連盟」が結成されたのである。それが、一九五七年、「全日本学生空手道連盟」に改名された。初めて、正式に「空手道」を称するようになったのである。

その学生空手の連盟は、空手道の競技化を進めていた。一九五〇年代前半当時は、交流稽古の形で自由組手を行っていた。一九五七年、組手競技の寸止めルールが試合規定として制定され、第一回全日本学生空手道選手権大会がこのルールで行われた。

一九六四（昭和三九）年、東京オリンピックを機に、四大流派を中心に流派を超える空手道の総合的な代表団体として「全日本空手道連盟」が設立された。その発足と共に空手道としての普及が始まったのである。

全日本空手道連盟は、一九六九年、文部省により空手道の全国唯一の団体として認められ、一九七二年には日本体育協会の加盟団体になり、競技スポーツとして展開できるための主な条件が整えられた。一九七三年からは、組手競技に加えて、形競技も導入されるようになった［ソリドワール・魚住 二〇一〇：一八七―一八八］。

沖縄が戦後の米軍支配を脱し、日本に復帰したのは、一九七二年のことである。本土で空手界が組織化され、空手が競技化されていく時期は、ちょうど沖縄が米軍に支配されていた頃だったわけである。

＊6

東京で空手を習い、韓国で最も早く道場を開設した人物は、盧秉直（ノ・ピョンジク、一九一九―二〇一五）である。盧は、六〇代後半に差し掛かった一九八五年に、当時住んでいたアメリカから母国の若い弟子達に対して、草創期における空手道場の状況を回想する手紙を認めている。それは、当事者自身の生の声で、空手が韓国に伝播した頃の状況、および空手がテコンドーに変わった後の状況について知ることができる貴重な資料となっている。参考までに、関連する部分を抜き出しておきたい。

〈盧秉直の手紙〉

私はかつて我が国の固有の武術を習得し、後に志を立てて、日本に渡り、近代的に体系化され、よく発達した空手道を研究した。一九四四年二月に帰国し、三月一一日、開城市子男洞で唐手道松武館を創設した。当時の日帝下で、我が国では最初に唐手道を合法的に公開、指導した道場であると思っている。

しかし、一九四四年後半期に至り、第二次大戦が激化すると、日帝は我々の青壮年を徴兵あるいは徴用で徴発するなど、最後のあがきをしていた。当時の諸般の悪条件下では、それ以上道場を持続するのが難しく、一旦中止した。その頃、日本で私と同じ道場で研究して戻ってきた李元国（イ・ウォングク）氏がソウルの西大門で唐手道青濤館を創立したものの、開始から幾らも経たずに中止してしまった。

八月一五日の日本からの解放後、開城市東興洞で松武館を再発足させた。一方、ソウルでは李元国氏が青濤館を再発足させた。また、朝鮮研武館で拳法部が設置されると、日本から戻ってきた田祥燮（チョン・サンソプ）氏が師範を担当し、後に智道館と改称した。黄琦（ファン・ギ）氏が交通省内のクラブとして唐手部を設置し、後に武徳館に改称した。YMCA拳法部が設置されると、日本から戻ってきた尹炳仁（ユン・ピョンイン）氏が師範を担当し、後に彰武館に改称した。

そのように、解放前にはただ二つしかなかった道場が、解放された翌年、一九四六年度から再発足し、三つの道場も新たにでき、全部で五つの道場に増えた。一方、崔泓熙（チェ・ホンヒ）氏が軍に吾道館を創設したことも一般に知られるようになった。

以上が我が国の草創期に生まれた基幹道場であり、そこから輩出された数多くの立派なテコンドー人達が国内はもちろん、海外にも進出し懸命に普及したことが元肥となり、支えとなって、世界連盟も組織され、世界万邦にテコンドーが広く知れ渡ったことを無限の喜びと思っている［盧 一九八五］。

ちなみに、諸文献によれば、盧秉直と李元国は船越義珍、田祥燮と尹炳仁は遠山寛賢からそれぞれ空手を習っている。崔泓熙は、黒帯（二段）の腕前で［Choi（崔）一九八七：三九］、松濤館で学んだとされている。

なお、韓国には空手がテコンドーの元になったことを認めずに、韓国伝統武術がその元になったとする、歴史的事実からはかけ離れた説を述べる研究者もいるので、その点は注意が必要である［例えば、鄭 一九九一：一五］。

＊7
その歴史的な流れについても、空手の競技化と同じように、マーヤ・ソリドワールと魚住孝至によることとしたい。その経緯は次のようであった。

戦後、米空軍の奨励もあり、一九五三年から早稲田大学、慶応義塾大学、拓殖大学の指導者が米軍人に空手の指導を始めた。また、拓殖大学等の松濤館系の「日本空手協会」は、一九五六年から専門指導員を養成し、一九五〇年代末から一九六〇年代頃にかけて海外で指導させた。その一人、金沢弘和は、ヨーロッパを中心にして松濤館空手を広めた。また、西山英峻は、一九六五年から米国に移住して、松濤館空手を広く普及した。和道流でも、一九六〇年代から、大塚博紀の高弟・鈴木辰夫や河野輝雄等がヨーロッパに広めた。

空手道の国際組織の設立としては、一九六三年、「ヨーロッパ空手連合」（ＥＫＵ）の発足が最初である。さらに、「全日本学生空手道連盟」も競技空手を公開するために海外で交流試合等を積極的に行った。一九六五年、第一回日米親善空手道選手権大会を開催したが、これが国際大会の最初であった。一九七〇年には、ヨーロッパへ遠征し、指導・交流試合等を行った。

一九七〇年、「世界空手連合」（WUKO）が加盟国三三ヶ国で結成され、同年に第一回世界選手権大会が開かれ、以後二年ごとに大会が開催されるようになった。それに対して、一九七四年、米国を中心に活躍した西山英隆らによって「国際アマチュア空手連盟」（IAKF）が設立された。

一九八八年のソウルオリンピック大会で、元来は空手が母胎であるテコンドーが公開競技となったことに刺激され、世界空手連合と、国際アマチュア空手連盟が改名した「国際伝統空手連盟」（ITKF）との間でオリンピックへの参加競争が始まった。最終的には、世界空手連合が改名した「世界空手連盟」（WKF）が、一九九九年に国際オリンピック委員会（IOC）の承認団体として正式に認められた［ソリドワール・魚住 二〇一〇：一八九―一九一］。そして、東京オリンピックからは正式な種目として参加が承認された。

＊8

一例を挙げると、二〇一九年の八月四日に、国際沖縄剛柔流空手道連盟（東恩納盛男最高師範）は、那覇市の県立武道館で、海外の支部が参加する第八回沖縄伝統空手儀式を、連盟創立四〇周年記念大会と兼ねて開催した。世界五三ヶ国から、各支部の指導者や門下生など、約千人が参加した。県知事の挨拶などもあり、盛況を呈した。団体演武や個人演武で日頃の鍛錬の成果が披露されただけでなく、県内の各流派の代表達による模範演武もあり、他の流派との交流の機会にもなっていた。

第二章　従来の諸研究

一　一般的な説明

ごく一般的には、空手はどのように説明されているのであろうか。それを手っ取り早く知ろうと思えば、国語辞典に当たってみるのも一つの方法と言えるであろう。取りあえず、手元にあるものを調べると、次のような説明になっている。

①中国の拳法が沖縄に伝来して発達した武術。突き・けり・受けを基本のわざとし、武器は使わない［明鏡国語辞典　第二版］。

②武器を持たず、手足による突き・蹴り・受けの三方法を基本とする拳法。中国から沖縄へ伝来して発達した〔広辞苑 第六版〕。

③沖縄に伝わる、伝統的な武術（護身術）。素手で、突き・受け・蹴（ケ）りの三方法を基本とする〔新明解国語辞典 第七版〕。

④素手で戦う武術の一。また、それをスポーツ化したもの。突き・受け・蹴《け》りが基本となる。沖縄で発達した〔大辞林 第四版〕。

それらを比べると、身体技法に関しては、武器を持たず、素手で、受け・突き・蹴りを基本とするという点は、各辞典とも一致している。また、いちいち示していないが、いずれにおいても「唐手」とも書くとしており、その点も同じである。

しかし、空手の発祥地に関しては、一致していない。①と②では中国から伝来して沖縄で発達したとし、③④では沖縄に伝わる、あるいは沖縄で発達したとしている。その中国伝来か否かという点は、明らかに辞典によって異なるのである。

国語辞典における説明は、執筆者や編集者によって、各分野の専門家の見解を踏まえてなされる。従って、それにおける異同は、元々専門家の間にあるものを反映していることになる。中国伝来説と沖縄固有説に分けて、代表的な例を提示した上で、それぞれの主張の根拠を検討したい。

二　中国伝来説

中国伝来説は、全てが琉球史における重要な出来事と関連づけられている。時代的に古い方から順に、それらを見ていくことにしたい。

『沖縄空手古武道事典』の編著者の一人、高宮城繁によれば、中国から伝来したとされる最古の時代は、「琉球王統の開祖・舜天王が王位に就いたといわれる一一八〇年前後のこと」とされている。しかし、「この説は史実としては受け取り難いものである。実証する資料に欠け、伝聞力も弱く、単なる巷説にすぎない」のである〔高宮城 二〇〇八a：九〇〕。

糸東流の開祖、摩文仁賢和は、一九三四（昭和九）年に著した『攻防自在　護身術空手拳法』において、中国拳法の「起源及び発源地等に関しては、文献に乏しい関係上詳細なことは判っていないが、伝わるところによると、古代支那河南省嵩山の少林寺を以て発源地としている」とし、少林寺と達磨《だるま》大師との関係にも触れた後に、琉球への伝来に関しては、察度《さっと》が「支那と初めて交通」した当時か、「三十六姓の支那人等」の来琉時に、「拳法も入って来たのではないかと思われる」と述べている〔摩文仁 二〇〇六（一九三四）：一七〕。ただ、取り立てて、根拠は示していない。

剛柔流唐手道開祖の宮城長順は、一九三四（昭和九）年の「唐手道概説」[*1]で、中国伝来説は「一定の歴史的根拠なく諸説紛々として帰趨する所を知らざるなり」と述べている。その上で、「主なるもの三説あり」として、「三六姓輸入説」「大島筆記説」「慶長輸入説」を挙げている〔宮城（長）二〇〇八（一九三四）：七三三〕。時代順に、「大島筆記説」と「慶長輸入説」の順序を入れ替えて、以下にそれらを検討したい。

「三六姓輸入説」は、丁寧で分かり易い例として、マーヤ・ソリドワールと魚住孝至による「空手道の歴史とその精神」〔ソリドワール・魚住 二〇一〇〕の説明を挙げておきたい。

一四世紀初期には、沖縄本島では南部・中部・北部に、「南山」・「中山」・「北山」（山は国の意味）という三つの王国が形成され対立していたが、一三七二年、中山王国は、中国の明王朝の冊封体制に入って中国との貿易・文化交流を盛んに行うようになる。一三九二年、中国福建省出身の「びん人三六姓」が、那覇の近くの久米村に住むようになったが、この移民によって中国拳法が沖縄に伝えられたといわれている［ソリドワール・魚住 二〇一〇：一七〇］。

西里喜行は、中国の文献によりつつ、皇帝からの「いわゆる閩人三十六姓の賜与の目的についていえば、（中略）琉球の進貢にとって必要不可欠な航海技術者と通訳を提供することによって、琉球の進貢を制度的に保障しようとした措置とみてよいであろう」としている［西里 一九九七：五七］。そのように、閩人《びんじん》三六姓の来琉は、確かな史実であるにしても、右の文中に「伝えられたといわれている」としているように、「空手」に関しては、何ら文献の上での確認は出来ないのである。

「三六姓輸入説」は、換言すれば、一四世紀伝来説である。それに対して、伊波普猷は「古琉球の武備を考察して『からて』の発達に及ぶ」と題する論文で、「慶長輸入説」に立って、一七世紀伝来説を唱えている。

伊波は相撲と「からて」の分布状況を比較し、相撲は沖縄諸島でも奄美諸島でも、立ち会いから始める相撲ではなく、組み合ってから始める相撲が行われていること、[*2]それに対して「からて」は奄美諸島にはなく、沖縄諸島だけで行われていることに止目し、相撲は薩摩の琉球侵攻が行われる以前からあり、「からて」はそれ以後の「外来の物」であるとした。そして、『からて』はその名称の示す如く、支那伝来の拳法」であるとして、次のように述べている。

琉球が初めて支那に通じたのは明の光武の初年だから、其頃輸入した、と考えれば考えられないこともないが、身に寸鉄を帯びなくなった琉球人、わけても明末進貢の序でに二年間も福建の柔遠駅（琉球館）に滞在して貿易に従事した連中が、護身術として学んで帰ったと見るのが穏当であろう［伊波 一九七四（一九三二）：二一一］。

一七世紀の明末に、薩摩によって「刀の代わりに扇子をもたされた琉球人は、役人や商人の別なく競うて」拳法を「学んで帰った」とし、「朝貢」がそれを学ぶ機会となった、とするのが伊波の主張なのである［伊波 一九七四（一九三二）：二一一］。しかし、文中で「と見るのが穏当であろう」としているように、きちんと文献資料に依拠しているわけではないのである。あくまでも推定の域を出ないのである。

伊波と同じように、東恩納寛惇も慶長以後の禁武政策と関連づけて中国伝来説を唱えている。ただし、伝来した時期については、次のように伊波と異なる説明をしている。

慶長四年尚寧王が鄭導等を遣わして、冊封を請うた時に、神宗は勅して従来会典に定むる所の文臣派遣の例を改め廉勇の武臣を使する事を命じたのである。して見ると、冊封使節の一行に依って支那の武術が伝えられたとすると、慶長以後武臣派遣の慣例となってからと見る方が至当ではないか〔東恩納 二〇一二（一九三五）：三四四〕。

そのように、「慶長以後武臣派遣の慣例」から後に伝来したと「見るのが至当ではないか」とし、特に典拠を示しているわけではないので、伊波同様、推定の域を出ないのである。

宮城篤正は、両説を紹介した上で、「従来までいわれていた説は、かなり訂正される可能性も高いように思われるが、空手が中国からもたらされた事実関係については動かしがたいと考えている」と述べている〔宮城（篤）一九八七：二〇—二一〕。しかし、その「事実関係」は必ずしも明確ではなく、次に取り上げる「大島筆記説」と同様の主張をしているのである〔宮城（篤）一九八七：二三〕。

「三六姓輸入説」や「慶長輸入説」とは異なり、「大島筆記説」は、『大島筆記』という文献を主張の拠り所にしている。『大島筆記』は、一七六二年、土佐藩の儒学者、戸部《とべ》良熙《よしひろ》によって著された書である。その前年、沖縄から薩摩に向かった廻船が、土佐国西南海湾内の大島浦に漂着した際に、潮平親雲上《しおひらぺーちん》など、滞在中の琉球の役人に対して尋問した結果を戸部が記録したものである〔比嘉・新里 一九六八：三四五〕。

それには広い意味で空手に関連する記述が見られるのである。原文の割注の部分を〈 〉で示し、また（ ）内に私の若干の説明を補足しながら、平易な文にすると、次のとおりである。なお、文中の「筆者」とは戸部良熙自身である。

先年、「組合術」〈筆者の理解では『武備志』（中国明代の兵法書）の拳法と思われる〉の達人として、本唐（中国）から公相君《こうしゃんきん》〈これは称美の号とのこと〉が弟子を大勢連れて（琉球に）渡ってきた。それは、左右の手のうち、とにかく一つは乳の方を押さえ、片手で技を使い、足もよく利かせる武術である。甚だ痩せていて、弱々しい人であったが、無理やり組み付いてきた大力の者を即座に倒したこともあった、とのことである〔戸部 一九六八（一七六二）：三六七〕。

その記述に関して、伊波は次のような説明を行っている。「これは潮平親雲上が目撃したことであるから、土佐に漂流する七年前即ち清の乾隆二十一年（宝暦六年、西暦一七五六年）の尚穆王の冊封の時にあったことで、公相君は琉球で拳法が盛んであることを聞き、宣伝旁々やって来たのであろう。『からて』の手の中にあるクーシャンクーは、公相君の転化したものである。古く『からて』を組合術といったことも注意すべきことである」〔伊波 一九七四（一九三二）：二一三〕。

それによれば、伊波は、潮平親雲上が七年前の冊封で目撃した公相君の武術を戸部良煕に語っていると理解している。文面どおりに受け止めると、伊波の理解の仕方は、当然であり、妥当だと思われる。上記の「主なるもの三説」の一つとして「大島筆記説」を挙げた宮城長順は、「唐手に関する最も確実なる文献」としている〔宮城（長）二〇〇八（一九三四）：七三三〕。

その他にも、例えば、仲原善忠は『大島筆記』のその記述に基づいて、「伝説は、どうなっているか、知らないがカラ手の伝来は、文献的には、大体一八世紀の半ば（中略）といって差支えないと思う」としている〔仲原 一九五六：一八〕。

確かに、『大島筆記』の「組合術」は史実に基づいていると判断される。しかし、公相君の武術を目撃した人物から話を聞き、言語の壁で隔てられた土佐の役人がその役人なりの理解で「組合術」として記録したのであり、その当時の琉球に「唐手」や「カラ手」があったか、なかったかという話ではないのである。つまり、それらと直接結びつける根拠はどこにもないのである。

以上のとおり、閩人三六姓、朝貢貿易、冊封儀礼などと関連づけて唱えられている中国伝来説は、総じて、確実な根拠には欠けるのである。それでも、中国と琉球の間の深い歴史的な関係を、言わば状況証拠的に用いているのである。

時代は前後するが、もう一例、不確かな伝来説を付け加えておきたい。島袋源一郎は、「沖縄近代の武術家糸洲安恒翁は、唐手は明人陳元贇（中略）の伝へたものであると話していた」ということを『琉球百話』に記している〔島袋 一九四一：一四六—一四七〕。

糸《いと》洲《す》安恒《あんこう》（一八三一—一九一五）は、琉球王国末期から明治時代にかけての「唐手」の大家である。糸洲は、従来「トーディー」と称され、「唐手」の漢字が当てられていた武術名を「カラテ」と改称し、沖縄県内の学校教育に導入した。一九〇五（明治三八）年、県立第一中学校と県立師範学校で嘱託として唐手の指導を始めたのである。その三年後には、学校教育、特に小学校からの教育における唐手の必要性や心得を説いた「唐手十箇條」を認め、県学務課に提出している〔仲宗根編 二〇一七（一九三八）a：六二—六三〕。

その冒頭に、唐手は往古、「昭林流」と「昭霊流」という二派が「支那」より伝来したもの云々と記しているものの、陳元贇に関しては全く触れていない。明治期の唐手界における糸洲の地位を考慮すると、島袋が記した話は、決して看過出来ないはずである。しかし、『陳元贇の来流拳法指導、あるいは彼の弟子が琉球に来て中国拳法を伝えたということを立証する文献はない」のである［高宮城 二〇〇八ａ：九四］。

ちなみに、糸洲は学校教育用に自ら考案した「平安」の型を「ピンアン」と中国語の名称で普及させた。「空手」の型は、中国語の名称が付いているので、それ自体が中国から伝来した証拠であるとする見方は通説にさえなっている感がある。しかし、沖縄で自ら考案した型に中国名を付けたという真逆のことが、事実として起きていることも、決して等閑視してはならないであろう。

そのことは、今まであまり注目されていないのであるが、自らの武術に対する権威づけを、中国語の名称を付けることによって行ったとの解釈も可能にするのである。少なくとも、従来の言説に捕らわれず、柔軟に臨む必要があるのである。

「平安」の中国語名は、糸洲がそれほど中国伝来説を信じて疑わなかった証左とも言えるかも知れない。宮城長順も一つ一つの中国伝来説には「確説なし」としながらも、唐手の「淵源をたづぬれば遠く支那の拳法に発す」としている［宮城（長）二〇〇八（一九三四）：七三］。文献による確証はなくても、多くの著名な空手家や研究者達が中国伝来説を唱えているのである。

三　沖縄固有説

沖縄固有説は、中国武術の伝来ないし影響を否定するのではなく、それを認めつつも、それ以前に沖縄に固有の武術があったとする説である。本部朝基は、一八三二（昭和七）年に『私の唐手術』を著し、次のように、自説を明らかにしている。

元来、唐手は、釈尊二十七世の法孫達磨《だるま》大師が印度より遥遥梁の国に至り、武帝と意合わす、去って、魏の国に赴き、小林寺に入り、見性強身の説を立て、子弟の体育的精神的鍛錬の為に創案教授せられたるに、其の源を発している。これが代々伝わり、支那古来の武術と合し、小林寺派拳法（小林拳）となり、他派と離れて独自の拳法の分野を画してきた。其の琉球に入ったのは、慶長後島津家の琉球禁武政策と、四囲の事情より、琉球在来の武術と合し、取捨選択洗練の結果、唐手として、隆々発展を遂げたものと思われる〔本部 二〇〇七（一九三二）：一〇〕。

要するに、本部は、慶長後に「小林寺派拳法」が琉球に伝わり、在来の武術と合わさった、としているのである。それに対して、今日、広く受け入れられている沖縄固有説は、時代の特定だけでなく、「小林寺派拳法」のように武術の特定も敢えて行わずに主張されている。

その代表的な例として、島袋源一郎の研究を挙げたい。大正時代の貴重な郷土文化誌、『沖縄県国頭郡志』（一九一九年）の著者で、沖縄県師範学校で糸洲安恒と屋部憲通から直々空手の指導を受けた島袋は、一九四一（昭和一六）年の『琉球百話』で次のように述べている。

空手《からて》の起源についてはいまだ定論はないやうであるが、諸家の説を総合して見ると、当地では昔から只単に「手」と称し「空手拳頭」を以て敵を倒す武術があったが、何時の時代にか「指頭掌力」を極度に練磨して偉大なる武力を発揮する支那拳法が伝来して所謂今日の「空手」に合流し四百年前尚真王の武具撤廃後一段の発達を見たであらう。といふことに大体意見の一致を見たやうである。

もし正史の上に「空手」の文字を求むるなら、球陽尚真王の條に（中略）人、京阿波根実基の名望高きを嫉み、王に讒言したので、王彼を茶席に招き、童子に命じ匕首を以て刺させた、實基手に寸鉄なくただ空手を以て童子の両股を折破り、走りて城門を出で中山坊門外に至りて斃る。

といふ記事である。或は是れ単に素手と云ふ意味であるかも知れないが、しかし徒手空拳の偉大なる力を発揮していることは事実である[*3]［島袋 一九四一：一四五］。

島袋の説明で、まず注目したいのは、今日の「空手」は固有の武術「手」に「支那拳法」が合流したものと捉えていること、また時代の特定こそしていないものの、その合流は尚真王以前であると見ていることである。それら二点は、島袋独自の見解ではなく、「諸家の説を総合して見ると」、そのように「大体意見の一致を見たようである」としているのである。座談会のような、何か諸家が話し合う機会があり、そこで大まかに意見がまとまったと受け取れるのであるが、実際のところは不明である。

島袋の説明で、もう一つ注目したいのは、「空手」の文字が『球陽』に登場することを指摘している点である。ただ、残念なことに、島袋は、せっかくそれを指摘しながらも、「素手」と「徒手空拳」の間で判断を曖昧なままにしている。

空手の本土への伝播普及に偉大な足跡を残した船越義珍も、沖縄固有説を唱えているものの、一時的に微妙な発言も行っている。一応その点も確認しておきたい。

船越は、一九三五（昭和一〇）年の『空手道教範』で、「今から凡そ一千四百年前、西天竺の傑僧達磨大師」云々から説き始め、少林寺拳法が「琉球に渉って発達したものは今日の『空手』の淵源をなす『沖縄手』となったのであろう」と述べてる。

その上で、さらに、「沖縄に於ける『空手』の発蹤は文献の徴すべきものがないので明確な年代は分からないが、極めて古いものと推察される。従って、その拳法は殆ど琉球固有の武術となってしまったのである」と主張している［船越 二〇一二（一九三五）：六四―六五］。

つまり、船越は、少林寺拳法が伝来したのであるが、その年代が余りにも古いので、「琉球固有の武術となった」と理解しているのである。しかし、その見解は、一九五六（昭和三一）年の『空手道一路』では、変わっている。

その書においては、「沖縄には『から手』という呼び方があったことは事実である。しかし、普通はただ『手』と呼ばれていた」とした上で、次のように述べている。なお、沖縄語にいう「トー（唐）」は、唐の時代の唐ではなく、時代に関係なく、「中国」の意なので、それを念頭において読む必要がある。

「唐手《とうで》」は、中国から伝来したもの、というほどの意味に使っていたものだが、琉球で中国崇拝熱の高かった頃には、何でもいいものは「唐」のものとしなければ気がすまなかった風潮があったというから、「とうで」の「唐」という字も「から手」の「から」にぴったり当てはまるところから、いつの間にか、「唐手《からて》」となってしまったのではないか、とも思われる〔船越 一九七六（一九五六）：九八―九九〕。

文中の「から手」その他の名称の問題については、後述するとして、ここで注目したいのは「中国崇拝熱」である。琉球が中国に対して事大の礼を尽くし、中国からは冊封を受けていた歴史的事実を背景にした指摘だけに、一理あると思われる。糸洲安恒が自作の「平安」をわざわざ中国語で「ピンアン」と名づけたことも、その指摘と一脈通じるように思われる。船越は、また、空手の技法の比較から、次のように述べている。

ある時期は「唐手」と文字に書き、それで世間一般に通用していたのが、知らない人にとっては、ややもすると中国流の拳法と間違われやすかった。しかも、今もなおそう思っている人も少なくないようである。だが、現在大勢の同門の人達が研究している形や組手、あるいは稽古方法は全然独特のもので、中国のいわゆるシナ拳法とは大分異なっている〔船越 一九七六（一九五六）：九九〕。

船越の言う「沖縄手」や「唐手」に関しては、後述することにしたい。ここでは、「形や組手、あるいは稽古方法は全然独特のもの」とする点に注目したい。それに認められるように、『空手道教範』と『空手道一路』では、「固有」の意味が異なっているのである。

さて、沖縄固有説の現在の状況について、『沖縄空手古武道事典』では次のように記されている。宮城鷹夫は「空手の発生については、なお多くの研究素材が残るものの、琉球古来の武術（手《てぃー》）と中国伝来の拳法が融合し、沖縄的発想によって発展したものといってよい」としている〔宮城（鷹）二〇〇八：二七〕。また、高宮城繁は「沖縄の空手は中国拳法から分派的に生成発展したものだという説と、沖縄に古来あった『手』と称する武術に中国拳法が影響を与えて今日を迎えているという説がある。沖縄と中国の文化が相互に融合し合い、沖縄独特の文化が形成された文化史のなかで捉えるならば、後者が真説であると解することができるであろう」としている〔高宮城 二〇〇八a：九五〕。それらに窺えるように、大まかに言えば、島袋の説明と軌を一にしているのである。

ちなみに、一九三六（昭和一一）年一〇月二七日の『琉球新報』によれば、新聞社主催の座談会において、「本県には以前から固有の拳法があった」のかという質問に対して、宮城長順は「何れの民族にもそれはあった。それが本県では手（テー）である」と答えている［嘉手苅二〇一七：一七二］。それ以上の説明はないので、上述した宮城の中国伝来説との齟齬については、よく分からないままであるが、もともとそれに対しては「一定の歴史的根拠なく諸説紛々として帰趨する所を知らざるなり」とも言い放っているので、恐らくこちらの方が本音であると思われる。

以上、沖縄固有説について見てきた。中国伝来説同様、それにも弱点がある。いつ頃から沖縄に空手があったのかという点に関して、確実な歴史的典拠を提示し得ていないのである。その肝心要の点が欠落したままなのである。

四　空手の固有性

中国伝来説と沖縄固有説を振り返ると、いずれも確実な歴史的典拠を提示し得ていない点においては問題がある。しかし、空手は沖縄を発祥地とする、沖縄固有の武術である、と考えるのであれば、沖縄固有説には、決して見落としてはいけない重要な指摘も一つ含まれている。

それは、「現在大勢の同門の人達が研究している形や組手、あるいは稽古方法は全然独特のもので、中国のいわゆるシナ拳法とは大分異なっている」とする、船越義珍の指摘である。それが重要なのは、身体技法を中国拳法と比較することから得られた、空手の大家の結論という点である。

空手の固有性を実証するために、本書では中国武術から影響を受ける以前に固有語で指示される「空手」が既に存在していたことを文献で明示することを目指している。しかし、固有性を証明する手立ては、それだけに限られるわけではない。そもそも、空手は身体を使う技法なのであり、それを周辺諸国や諸地域と比較してみることも、また一つの手立てなのである。次章以降では、本書の目的のみに焦点を絞って記述を進めることになるので、その前に、身体技法の独自性についても、ここで簡単に触れておきたい。

中国武術との比較で、門外漢にも分かり易いのは、船越のいう「稽古方法」に関してである。その中でも、基本技の修練に巻藁《まきわら》（立巻藁）を用いる点である（コラム①参照）。それは空手の大家達が異口同音に強調してきたところである。

既に触れた糸洲安恒「唐手十箇條」の第四項には、次のように記されている。「唐手は挙足を要目とするものなれば、常常巻藁にて充分練習し、肩を下げ、肺を開き、強く力を取り、又、足も強く踏み付け丹田に気を沈（め）て練習すべき。最も度数も片手に一、二百回程と衝くべき事」〔高宮城・新里・仲本編 二〇〇八：七三七〕。それによれば、巻藁を左右の手ともそれぞれ百回も二百回も突くのが常々の練習なのである。

本部朝基も「唐手修行者の必備品の中に、巻藁という稽古用具がある。拳骨の鍛錬に資するもので、これによって数ヶ月間鍛えられたら、拳はよく数枚の瓦や板を、一撃の下に粉砕することが出来る」と述べている〔本部 二〇〇七（一九三二）：一四〕。

また、船越義珍も「空手に於いて拳や足を鍛錬するには、主として巻藁を用いる。型や組手を練習して其技を練ると同時に、常に巻藁によって手足を鍛える事が大事である」としている〔船越 二〇一二（一九三五）：三三五〕。

巻藁では、拳だけでなく、肘や指、足なども鍛錬する。それで鍛え抜いた手足で、仮想の敵を相手に、「受け」と「攻め」の一定の連続技が定型化された「型」を繰り返し練習することが、伝統空手の修練の中心となる。その前提は、あくまでも巻藁での鍛錬なのである。

その「必備品」を周辺諸国や諸地域でも用いているのであれば、空手の固有性は危うくなる。特に、中国武術ではどうなのかという点に関しては、沖縄在住の空手家達も意識していて、わざわざ中国まで行って直接確かめている。その結果、中国にはないことが分かっているのである〔フル・コム編 二〇〇九：二三二〕。つまり、巻藁という「必備品」を用いるのは、沖縄だけであり、その点だけからでも、空手の独自性は説明が付くと言っても過言ではないのである。*4

とは言え、空手を沖縄の文化として捉えるとなると、歴史的な時間的深みや身体技法だけでは、肝心な点を欠落させることになる。文化という以上、その観念の側面、すなわち精神性も問われることになるのである。中国伝来説も沖縄固有説も、不思議なことに、それには全く触れていないのである。

船越義珍は、空手の精神的なあり方を門弟に示した「空手二十箇條」の第二条に、有名な「空手に先手なし」を挙げている。*5また、宮城長順は弟子達に対して、「空手とは、人を打たず人に打たれず、事なきを基とする」と語っている〔フル・コム編 二〇〇九：二三二〕。さらに、糸洲安恒は「唐手十箇條」の第一項で「盟《ちかつ》て、拳足を以て人を傷ふ可らざるを要旨とすべき事」と戒めている〔高宮城・新里・仲本編 二〇〇八：七三七〕。

それらは共通語（日本語）として、大家たちが各人各様に表現したものである。それらと内容的にほぼ同じ考え方を、ウチナーグチではどのように言い伝えてきたのか、聞き取り調査で挙げてもらった。返事は異口同音、「シキノー　ティーヤ　ウイドー（世間の方が手は上だよ）」という諺が、そうだとのことである。つまり、世間には幾らでも「ティー（手）」の達人がいるので、少し心得があるということで横柄な態度に出たり、喧嘩を売ったり、先に手を出したりしてはいけない。「ティー（手）」の修練者は、常に腰を低くし、謙虚でなければならない。そういった意味が込められているとのことである。

空手の精神性は、一連の「受け」と「攻め」の繰り返しで構成される「型」にも反映されている。先手がないため、「型」には、「攻め」と「受け」はないのである。つまり、こちらから相手を先に攻めることは、精神的にも技法的にもあり得ないとする、沖縄独自の武術なのである。

先手必勝ではなく、先手なしとする空手は、武術としては例外的な存在と言えるであろう。まるで、武術の世界における反逆児のような存在であり、その平和希求的精神が沖縄空手の独自性・固有性の一つの証にもなっているのである。

空手の独自性や固有性は、以上のように、身体技法や精神性からも説明がつく。しかし、より説得力を持つためには、やはり文献上の根拠が必要となる。中国武術の影響は認めるとしても、沖縄固有の武術がそれよりもさらに古い時代からあったことを、文献の上できちんと確認し、提示する必要があるのである。

ただ、そのためには、中国伝来説や沖縄固有説に共通する、一つの大きな欠陥を克服しなければならない。その欠陥とは何か、具体例を双方から一例ずつ挙げよう。

伊波普猷は、『大島筆記』によって、「古く『からて』を組合術といったことも注意すべきことである」としている。何故、「組合術」が「からて」の名称なのであろうか。伊波自身や島袋などの挙げる固有語の「手」とは、言葉として何ら関係ないにも拘わらず、そう判断する基準は一体何であろうか。

言語は文化の一側面である。空手を文化として捉える以上、固有語を無視し、固有語と関連づけずになされる名称の説明は、私からすれば、摩訶不思議としか言いようがない。残念ながら、その点は中国伝来説だけでなく、沖縄固有説でも全く同じなのである。

『球陽』の「空手」に関して、島袋源一郎は「からて」と読んでいる。その一方で、高宮城繁は「武術としての『空手』ではあるまい」とし、読み方も「空手《クウシュ》」としているのである［高宮城 二〇〇八a：一二八］。

後に詳しく触れるが、ここでは固有語との関連づけがなされていないという点だけを指摘しておきたい。そのために、同じ「空手」という文字を一方は訓読みにし、もう一方は音読みにしているのである。

それらの問題の根底にあるのは、固有の文字を持たない琉球語の表記に関して、一貫した視点を持ち得ていないことである。「空手」の固有語は何なのか、固有語の名称にはどの程度の幅（ないし種類）があるのか、それらはどのように表記されるのかといった点が、前もって吟味されていないのである。

「空手」に関する固有語は、「手」や「唐手」などのように、従来、全て漢字で表記されてきた。あるいは、漢字が当てられてきた、と言っても良いであろう。そこで履き違えていけないのは、元々、表記された漢字があって琉球語があるわけではない、という点である。実際は、その逆で、琉球語があって漢字による表記があるわけなのである。

従って、文献に現れる何をもって「空手」と判断するかは、前もって「空手」を指示する琉球語を知り、その表記の仕方を知っておかなければならない。そうでないと、判断の基準は恣意的で、読み方もまちまちになってしまうのである。前章において、方法論的には、文献資料のみに依存するのではなく、伝承資料を有効活用することにしたいと述べたのは、まさにそのことと関連している。

後に詳しく見ていくことになるが、文献の世界よりも、伝承の世界の方が「空手」を指示する用語は、数量的に多いのである。つまり、文献においては、伝承された用語の一部だけが記載されているのであり、何をもって「空手」とするかという基準は、伝承された用語によれば、極めて明快なのである。

本来ならば、文献資料の上で「空手」を確認し、提示するのは、文献史学の専門家に委ねられるべきである。しかし、「空手」の場合はいささか事情が複雑で、どうしても一定の文化論的な手順を踏まえながら、文献に当たる必要があるのである。

その手順とは、空手を指示する固有語を文献との照合に堪えうる程度にまで、きちんと整理し、把握することである。それは単純な作業ではないので、混乱を避けるために、いくつかのステップに分ける必要がある。次章以降、各ステップごとに記述を進めたい。

＊1　嘉手苅徹によれば、「唐手道概説」には、一九三四（昭和九）年版と一九三六（昭和一一）年版がある。

一九三四年版は、表紙ととびらが手書きとなっている。表紙は、「唐手道概説」で、とびらは「昭和九年参月弐拾参日唐手道概説宮城長順稿」となっている。本文は、タイプで打った活字になっており、「琉球拳法唐手道沿革概要」の表題から始まっているが、欠け字があり、手書きで訂正、挿入している部分が若干ある。

一九三六年版には、「此の稿は、昭和十一年一月二八日堺筋明治商店四階講堂に於て『唐手道に就て』の御講演及び実演を為された際特に倶楽部員の為め御寄稿されたものである。大日本武徳会沖縄県支部常議員宮城長順稿」と記されている。

両者には異同が見られるが、主要なところでは、いずれも沖縄空手の歴史、現況、技法の解説と技法の指導法、将来の展望を論じている［嘉手苅 二〇一七：一六三］。

＊2

ただし、伊波のその判断は必ずしも妥当とは言えない。奄美の研究者達は、一八九五（明治二八）年の吉満義志信『徳之島事情』から一九四九（昭和二四）年の昇曙夢『大奄美史—奄美諸島民俗誌—』まで、一貫して、奄美には立ち会いから始める相撲と組んでから始める相撲、それら二種類の相撲があると説明してきた。

例えば、昇曙夢は、奄美の「相撲には琉球風と内地風の二種あって、琉球風は専ら徳之島、沖永良部島、与論島に行われ、大島本島や加計呂麻島では専ら内地風の相撲が行われる」と述べている［昇 一九四九：五六三］。

昇に従って、大まかに言えば、伊波がその論文を執筆していた当時では、沖縄諸島と同じように、最初から組み合って勝負する相撲は、徳之島以南の島々だけで行われていたのである。ただし、私が現地調査した結果、それらの島々でも、大正初期以降は、必ずしも昇の説明どおりではなくなっていた［津波 二〇一八：一八—二三］。

＊3　「京阿波根」の読み方について、島袋源一郎は何も記していない。安里安恒と船越義珍の対談では、京阿波根《ちょうふぐ》と仮名が振られている［安里談・松濤筆　一九一四］。また、東恩納寛惇は、『南島風土記』の京阿波根塚の説明で京阿波根《きょうはごん》としている［東恩納　一九五〇：一〇五］。それらの読み方があることを確認した上で、本書では、一般読者が読みやすいように、「京阿波根實基《きょうあはごんじつき》」としたい。

＊4　宮城篤正は、「空手の特徴のひとつである拳骨を鍛えるためには、立巻藁は欠かせないものである。この鍛錬器具は他に例がないようで、沖縄で独自に考案されたものともいわれる特殊なものであり、またその種類も多い」と述べている［宮城（篤）一九八七：六六］。それにも拘わらず、既述のとおり、「空手が中国からもたらされた事実関係については動かしがたいと考えている」のである。

＊5　船越直筆「空手二十箇條」の写真が、『唐手道大観』［仲宗根編　二〇一七（一九三八）b：六六］に収載されているので、本書ではそれを参考にしている。

▼コラム① **巻藁**

仲宗根源和による巻藁の説明にメートル法を補足しながら紹介したい。長さ七尺（約二メートル一二センチ）で四寸（約一二センチ）角位の柱を地中に二尺五寸（約七五センチ）ほど埋めて、地上の部は上になるほど薄く（頂上が五六分）なるように削っておき、上下二箇所に巻藁（藁束を縄で巻いたもの）を取り付けておく。上は拳及び手の各部を、下は足を鍛える［仲宗根 二〇一七（一九三八）：九〇―九二］。

なお、図①のAは巻藁の正面、Bは側面である。木目はBの右上から斜め左下に向くようにする。Bの地中一番下と地表に近い部分には、それぞれ反対の側に巻藁を固定するための石を置く。

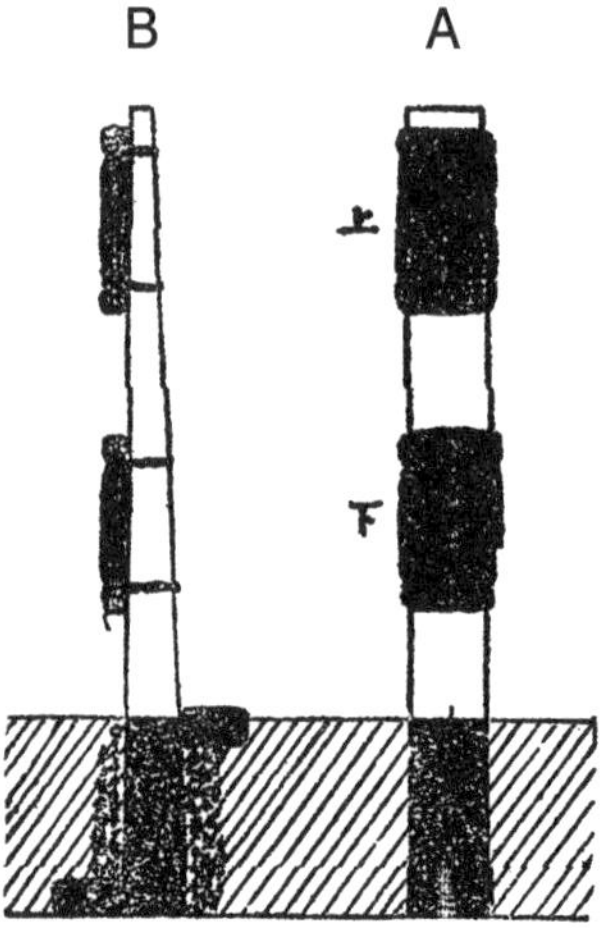

図①　巻藁

第三章　固有語の名称

一　固有語と漢字表記

「空手」を指す言葉を文献の上で確認するための文化論的な手順を四つのステップに分けることにしたい。本章はその第一のステップとして、固有語とその表記の検討から始めたい。[*1]

周知のとおり、固有語で空手を指す言葉は「ティー」である。漢字を当てると、「手」である。

念のために、空手のことをウチナーグチ（沖縄口＝沖縄語）で何と言うか、県内の高齢の空手家数名に直接尋ねてみた。返事は、単純明快、異口同音に「ティー（手）」である。その空手家達によれば、空手を習っている若い人達でも、言葉そのものはよく知っているが、それに対する感覚、あるいは語感といったものは、標準語中心の生活のため、「我々とは違ってきているであろう」、とのことである。

さて、一般的には、「ティー（手）」に二つの意味がある。一つは、身体の手を意味する「ティー」である。もう一つは、武術の空手を意味する「ティー」である。ややこしいことに、両者の区別は脈絡によるしかないのである。混乱を避けるため、本書では、必要に応じて「身体のティー（手）」、「武術のティー（手）」と区別することにしたい。

例えば、「ティー　ヤマチャン」（手を痛めた）とか、「ウヤックァ　ティー　チナジ」（親子手を繋いで）などは、「身体のティー（手）」である。それに対して、「ティー　ナラーチ　クミソーリ」（手を教えて下さい）とか、「アレー　ティー　ナラトンドー」（彼は手を習っているよ）とかなると、「武術のティー（手）」なのである。後者の場合、名称に引きずられて、「手」だけをイメージしてはいけない。その身体技法は「手」も「足」も用いるのである。

島袋源一郎が「当地では昔から只単に『手』と称し」としているのは、言うまでもなく、「ティー」に「手」を当てたものである。その意味を伝えるためには、どうしても漢字が必要ではある。しかし、文化の研究を進める上で、そのような固有語への漢字の当て方、すなわち漢字による表記の仕方には、利便性と同時に危険性もあることに配慮すべきである。何故なら、一旦、漢字を当ててしまうと、「ティー」ではなく、「テ」と読まれてしまい、誤解や意味のズレが生じかねないからである。

その懸念を払拭するためには、音声表記とは言わないまでも、せめて片仮名で一貫して表記することである。漢字によって意味を示す場合でも、「ティー（手）」という具合に、漢字は常に固有語の後の括弧の中に入れておき、そこからかってに飛び出さないようにすべきである。漢字だけで示すのは、明らかに誤解が生じないと確信の持てる場合のみに限定すべきである。

逆に言えば、それは固有語に漢字を当てていると判断される場合も同様である。空手家であろうが、あるいは研究者であろうが、これまでの空手関係の文献には漢字を当てただけで、元々の言葉が示されていないものが多々見受けられる。それらについても、固有語に漢字を当てていると判断されるのであれば、当然のことながら、固有語で読むべきなのである。

その点に関して、二つの重要な具体例を挙げておきたい。一つは、糸洲安恒の「唐手」であり、もう一つは船越義珍の「空手」である。固有語に立ち戻ってみると、両者の違いは、単なる名称の違いでは済まないのである。

二　糸洲安恒の唐手

「〈唐手〉と書いて〈からて〉と呼ぶようになったのは古伝空手に体育性を加味し、それを近代空手として集大成した糸洲安恒以後のことである」〔高宮城 二〇〇八a：一一五〕。それ以前は、よく知られているように、「トーディー（唐手）」と呼ばれていたのである[*2]〔例えば、嘉手苅 二〇一四：三五九―三六〇〕。

「〈からて〉と呼ぶようになった」経緯を振り返ると、それが糸洲自らの積極的な意思であったのか否かは、必ずしも定かではない。嘉手苅徹は、当時の興味深い状況を同時代資料に依拠しながら、次のように明らかにしている。

一九〇四年（明治三七）、沖縄県中学校では武術大家として名高い首里の糸洲安恒を招き、翌年一月より体操科で「唐手」を実施している。このとき糸洲は七〇代半ばで、指導の際に共通語の通訳をつけたという。「唐手」は「トーディー」から「からて」と読みを変え、共通語によって授業が行われた。この年より、「唐手」は急速に県内各地の運動会、学芸会、卒業式などの学校行事や青年会、親睦会、祝賀会などの地域行事に盛んに取り入れられていった［嘉手苅 二〇一四：三五九―三六〇］。

それによれば、学校教育の現場で、共通語の通訳を挟んで教えたことを切っ掛けに、全国的に通用する「唐手（からて）」が誕生したのである。つまり、糸洲はそのヤマトゥグチ（大和口＝日本語＝共通語）をウチナーグチ（沖縄口＝沖縄語＝方言）の翻訳として認めたというのが、どうも実情のようなのである。年齢が年齢だけに、恐らく、糸洲はその後もずっとウチナーグチを使い続けたことであろう[*3]。

一度、「金城」が「きんじょう」と読まれると、「カナグスク」の影が薄くなり、やがてほとんど消え去ってしまうように、「唐手」もそれ以後は「からて」だけが目立つようになった。しかし、それ以前の文献に現れる「唐手」は全て「トーディー」と読まなければいけないのであり、決して「からて」と読み違えてはいけないのである。

それと同時に、「ティー（手）」と「トーディー（唐手）」の関係も、語義どおり、正確に把握しておくべきである。例えば、「空手の名称は〈手《てぃー》〉・〈組合術〉・〈拳法〉・〈唐手《とぅーでぃー》〉・〈唐手《からて》〉・〈空手〉・〈空手道〉等々と変遷する」［高宮城 二〇〇八a：一二五］とか、「空手」以前の「琉球の武術用語は『手』『組合術』『唐手《とーでぃー》』であった」〔高宮城 二〇〇八a：一二八〕とかの説明は、明らかに両者の関係を誤解しているのである。

「トーディー（唐手）」は、「ティー（手）」に「トー（唐）」という修飾語を付けているのであり、言葉としては、両者対等ではない。換言すると、「ティー（手）」に「トー（唐）」という意味の限定を加えたのが「トーディー（唐手）」であり、その分だけ意味が狭まっているので、対等の武術名ではないのである。また、意味の広い方から狭い方に、名称の変化が起きたという事実もないのである。

その点は、空手の名称の変遷全体を理解するに際しても、同様である。高宮城が主張しているように、その名称は「ティー（手）」から始まって、空手道まで変化してきたわけではないのである。それには二つの問題点がある。

一つは、名称がどう変遷しようが、一国内的な翻訳語の変化であり、固有語そのものの変化ではないことである。既述のとおり、今日でも、「空手」のウチナーグチは、「ティー（手）」であり続けているのである。従って、変遷や変化ではなく、琉球語として日本語と併存し続けている、と理解すべきなのである。

もう一つは、名称の変遷は、必ずしも「ティー（手）」から出発しているわけでもない点である。上記の嘉手苅の指摘に見るとおり、糸洲安恒が通訳を挟んで授業を行った際に、「唐手」は「トーディー」から「からて」と読みを変え、日本語への翻訳が行われた。その元になった固有語は、「ティー（手）」ではなかったのである。その点は、極めて基本的な事実であるにも拘わらず、どういう訳か、看過されがちなのである。

三　船越義珍の空手

糸洲に教えを受けながらも、船越義珍は、全国的な名称になった「唐手」には、どうもシックリこなかったようである。再度引用する次の発言にそれがよく現れている。なお、前述のとおり、その文中の「唐」は、唐の時代の唐ではなく、「中国」の意である。

琉球で中国崇拝熱の高かった頃には、何でもいいものは「唐」のものとしなければ気がすまなかった風潮があったというから、「とうで」の「唐」という字も「から手」の「から」にぴったり当てはまるところから、いつの間にか、「唐手《からて》」となってしまったのではないか、とも思われる［船越　一九七六（一九五六）：九九］。

「ティー（手）」は沖縄独特の武術であると考えていた船越は、「唐手」を「空手」に変えた。船越自身によれば、「私が上京して数年後の昭和初期のことである。慶応大学に唐手研究会が出来ることになったので、同門の諸君と語らってその時から『大日本拳法空手道』と改めることにした」のである〔船越 二〇一二（一九四二）：五九、船越 一九七六（一九五六）：九九〕。慶應義塾體育會空手部によれば、船越は、一九二四（大正一三）年に発足した慶應義塾「唐手研究会」の師範に就任した。そして、五周年の一九二九（昭和四）年に「唐手」を「空手」に改称したのである。*4

船越は変更の理由について、三つの点から説明している。一つ目は、「武道の心を象徴」する「空」、および「宇宙の色相」としての「空」である。船越によれば、それは次のとおりである。

「空」の字は、「徒手空拳にして身を守り敵を防ぐ」武道の心を象徴したもので、またこの道の修行者は、常に「空谷の声を伝うるが如く」我意邪念を去って、「中心空虚」でなければならぬ、とする。そして「中空にして外直」でなければならない。

また、仏教に「色即是空、空即是色」という言葉がある。宇宙の色相は、観じきたれば一切が空である。しかして、空はつまり一切の真相に他ならない。武術には柔、剣、槍、弓、杖などその種類は多いが、詮じつめる所すべて空手とその揆を一にする。じつに空手は一切の根本である――そういった点からも「空」の字を使うことを主張したのである［船越 一九七六（一九五六）：一〇〇］。

二つ目は、「世と推し移る」、すなわち時代思潮の推移に合わせて、「唐」の字を廃し、「空」の字に改めるとするものである。船越は、次のように語っている。

著者も旧慣に従って従来は「唐手」の字を用いて来たが、往々、支那拳法と同一視される事があり、沖縄の武術「から手」と言わんよりも、既に日本の武術「から手」となっている今日、「唐手」の字を当てる事は甚だ不見識、且つ、不適当と思われるので、世と推し移ると云う意味をもって、今後は「唐」字を廃して「空」字に改める事にした［船越 二〇一二（一九四一）：五八―五九］。

三つ目は、固有語の「手」や「から手」と関連づける説明である。船越によれば、沖縄では「普通はただ『手』と呼ばれていた」が、「『から手』という呼び方」もあった。従って、「空手」は沖縄の「から手」から日本の「から手」になったのである〔船越 二〇一二（一九四二）：五九、船越 一九七六（一九五六）：九八〕。

それらの説明のうち、ここで触れておきたいのは、三つ目の方である。それに認められるとおり、船越は片仮名で元々の言葉を示すことなく、漢字の「手」だけで説明しているので、「ティー」と読むか、「テ」と読むかは、文脈で判断されねばならない。両者を区別して読み直すと、次のとおりとなる。

沖縄では「普通はただティー（手）と呼ばれていた」が、「カラディー（から手）という呼び方」もあった。従って、「空手」は沖縄の「からディー（手）」から日本の「からテ（手）」になったのである。つまり、船越によれば、沖縄の「カラディー（空手）」の「ディー」すなわち「ティー」の濁音を「テ」に読み変えたのが日本の「カラテ（空手）」なのである。

船越によって、空手（からて）への改称が唱えられた後、一九三六（昭和一一）年に沖縄在住の空手家達も、琉球新報社の主催で開かれた座談会で、それを承認した〔嘉手苅 二〇一七：一七二〕。従って、それ以前に文献に現れる「空手」は、船越を除き、全て「カラディー」と読まなければいけないことになるのである。

ただし、二つほど例外がある。一つは、糸洲安恒の弟子の一人で、県立中学で空手の指導を行った花城長茂《はなぐすくちょうも》（一八六九―一九四五）が、一九〇五（明治三八）年、生徒への指導書に「空手組手」と、はっきり「空手」の文字を使用していることである。一九三六（昭和一一）年の座談会で、花城は「私の古い帳面にはみな空手と書いてある」と、以前からそれを用いていたことを明らかにしつつも、それ以上の発言はせず、すんなりと改称を了解しているのである〔嘉手苅 二〇一七：一七七〕。

もう一つは、上地流の開祖、上地寛文《うえちかんぶん》（一八七七―一九四八）が、一九二六（大正一五）年に和歌山県で開設した道場の看板に、一九三二（昭和七）年、「パンガヰヌーン流空手研究所」と、流派名を名乗り、「空手」の名称を用いていることである。それと船越の「空手」との関係は不明である。なお、「パンガヰヌーン流」は、一九四〇（昭和一五）年、流派名を「上地流」と改めている[*5]〔高宮城 二〇〇八b：一五八、桃原 二〇〇八：一六二〕。

船越義珍と花城長茂および上地寛文が、互いに相談した形跡はないにも拘わらず、結局、三人とも「唐手」ではなく、「空手」の名称を採用した。その背景には、「ティー（手）」を「カラディー（空手）」とも呼んだウチナーグチ（沖縄語）の共有があった、と考える以外にはないであろう。

要するに、糸洲の「唐手」の元になった固有語は「トーディー」であり、船越の「空手」の元になった固有語は「カラディー」である。どちらもそれぞれ漢字表記し、読み方を変えたのである。従って、「唐手」と同じように、「空手」も船越による改称、およびそれへの賛同以前は、一部の例外を除き、元になった固有語で読まなければいけないことになる。

四　若干の留意点

固有語の「ティー（手）」から出発して、固有語と漢字表記との関係について、具体例を挙げながら、注意すべき点を見てきた。「空手」を指す言葉を文献の上で確認するということは、結局のところ、漢字表記された固有語をどのように見つけ出していくか、ということに他ならないのである。それに向けて、本章で得られた若干の留意点について記しておきたい。

まず、具体例で取り上げたように、一定の時期以前は固有語で読まなければいけないと言うこと、および「ティー（手）」と「トーディー（唐手）」の関係のような、固有語同士の関係についての検討も必要である。

特に、「ティー（手）」と「カラディー（空手）」の関係に留意したい。「空手」を指す固有語は「ティー（手）」である。しかし、船越が「空手」という日本語の元にした固有語は、「ティー（手）」ではなく、「カラディー（空手）」である。船越は、「ティー（手）」のことを「カラディー（空手）」とも言ったと述べているが、言葉としての両者の関係については言及していない。「ティー（手）」に修飾語の「カラ（空）」を付ける造語法とそれによる意味の違いについて、ちゃんとした説明が必要である。

また、固有語の置かれた脈絡にも留意したい。一般的に、「ティー（手）」に二つの意味があって、「身体のティー（手）」であるか、「武術のティー（手）」であるかは、脈絡で判断するしかない。それは文献の上では、文脈と言うことになる。漢字表記された「空手」の固有語らしきものを見つけても、それが武術であるか否かの判断は、文脈によるしかないのである。島袋源一郎が挙げた『球陽』の「空手」などは、その典型であると思われるのである。

以上の留意点は、それぞれ個別ごとにある訳ではない。お互いに深く関連し合った一連の問題として、次章以降で扱うことにしたい。

＊1　空手に関する固有語という場合、私が実際に念頭においているのは、首里・那覇の言葉である。

それについて若干説明しておきたい。

上村幸雄によれば、日本の方言学者は、全国の方言の総体を日本語と見なし、奄美諸島から八重山諸島までの琉球列島の言語は、それを本土方言と大きく二分する琉球方言として捉えてきた。また、この列島に住む人々も、普通に「方言」とよびならわしてきた［上村 一九九七：三一一］。

それに対して、上村自身は、琉球方言ではなく琉球語として捉えたうえで、北グループ（奄美沖縄方言群、北琉球方言）と南グループ（宮古八重山方言群、南琉球方言）に二分している。そして、それぞれをまた各地の方言に下位区分している［上村 一九九七：三一九―三二三］。つまり、上村は日本語と琉球語の下に、それぞれの方言があるとしているのである。その琉球語の下位区分に関しては、狩俣繁久の論文に窺えるように、いまだ幾つかの問題点があるようである［狩俣 二〇〇〇］。

その一方で、最近では、二〇〇九年に国連教育科学文化機関（UNESCO）が日本の中の消滅危機にある言語として、奄美語・国頭語・沖縄語・宮古語・八重山語・与那国語の六つの琉球語を認定したことに続き、奄美語・沖縄語・宮古語・八重山語・与那国語という五つの琉球語を認める立場も出て来ている［ペラール 二〇一三：八一―八三］。六つに分けることと五つに分けることとの大きな違いは、沖永良部・与論・沖縄北部の言葉をどう捉えるかによる。前者ではそれらを国頭語にまとめ、後者では沖永良部と与論の言葉は奄美語に入れ、沖縄北部の言葉は沖縄語に入れている［ペラール 二〇一三：八三］。

言語学は門外漢であるが、個人的な感覚的な意見として言えば、私には上村の日本語と琉球語の対置の方が分かり易い。両言語の下に、それぞれの方言があるとする捉え方の方が、たとえそれぞれの方言間の隔たりに大きな違いがあるにしても、理解はし易いのである。

＊2　ただ、言語学の議論に立ち入るつもりはないので、ここでは私の身につけた言葉についてのみ若干触れておきたい。私は沖縄北部国頭地方（通称ヤンバル）の言葉のネイティブ・スピーカー、正確には、標準語との二言語使用者である。後述するように、空手の歴史的な中心地は沖縄の中でも首里や那覇なので、それに関する固有語という際には、首里・那覇の言葉を念頭においている。ヤンバルの言葉との違いは経験的に分かっていて、話すことにはいささか抵抗があるが、聞いて理解する分には特に支障はない、と思っている。なお、沖縄言語研究センターでは、首里・那覇方言音声データベースをインターネット上で公開しており、本文ではいちいち断っていないが、私の語感を確認するために、活用させて頂いている。

＊3　高宮城繁は、「唐手」に「とぅーでぃー」と仮名を振っている［高宮城 二〇〇八a：一二五］。つまり、糸洲安恒によって「からて」とされる以前は、「唐手」には、「トーディー」と「トゥーディー」の二とおりの言い方があったことになる。念のため、「首里・那覇方言音声データーベース」で検索すると、トーディーではヒットするが、トゥーディーではヒットしない。言葉の問題なので、どちらが正しいか、正しくないかという判断はありえない。そう言っているのであれば、どちらも事実として正しいのである。ただし、本書では、記述を進める上での便宜的な処置として、そのデーターベースに収められている「トーディー」に統一することとしたい。

私が聞き取り調査を行った限りでは、著名な高齢の空手家達は全てウチナーグチでティーの指導を受けている。つまり、共通語一点張りの教育現場でなければ、その当時も、また以後も、ウチナーグチによって指導がなされていたのである。また、指導を受けた空手家達にとっては、今日でも「ティー」はウチナーグチ、「からて」はヤマトゥグチなのである。ただし、現在ではウチナーグチで教えたくても、共通語しか知らない世代には、そうもいかないとのことである。

＊4　「慶應義塾體育會空手部沿革」（https://www.keiokarate.com/history）による。

＊5　船越によって、空手（からて）への改称がなされた数年後、伊波普猷は、次のように述べている。「『からて』はその名称の示す如く、支那伝来の拳法で、一時代前までは『たうで』（一般にはただ『手《テ》』）といってゐたが、『無《ンナ》手《テ》空《カラ》手《テ》』（てぶらの義）から類推して最近空手という字を宛てるようになった」[伊波　一九七四（一九三二）：二一一]。ちょうど唐手から空手へ改称された時期における伊波の発言は、両者とも固有語に当てられた漢字を読み変えたものとして理解していたことを示している。また、伊波は花城や上地の「空手」については知らなかったことも示している。

第四章　名称の民俗分類

一　民俗分類

「トーディー（唐手）」は、「ティー（手）」に「トー（唐）」という修飾語を付けているのであり、言葉としては、両者対等でないことを前章で指摘した。一方で、船越義珍は、「トーディー（唐手）」と「ウチナーディー（沖縄手）」を対置して捉えている。

船越は、「私が幼少の頃、よく老人から『沖縄手』とか『唐手』ということを聞いたが、『沖縄手』とは固有のもの、『唐手』は中国拳法の流れを汲むものではなかろうか、と考えられる」と述べている［船越　一九七六（一九五六）：九五］。

それに明らかなように、「ティー（手）」は、「トー（唐）」とか「ウチナー（沖縄）」とかいった言葉を前に付けることによって、「トーディー（唐手）」、「ウチナーディー（沖縄手）」という具合に分けられる。つまり、「ティー（手）」は、常に一つのものとして把握されているのではなく、一定の修飾語を付けることによって、さらに下位区分され、分類されるのである。

「ティー（手）」に限らず、今日の「空手」でも、分類は常に行われている。よく目にするのは、伝統空手と競技空手である。例えば、沖縄県がインターネット上で公開している「沖縄空手振興ビジョン（二〇一八年度～二〇三七年度）」によれば、「沖縄空手のブランド化に向けて伝統空手を確実に継承しつつ競技空手についても推進し子ども達に夢を描かせ、世界に向けて『空手発祥の地・沖縄』を普及・啓発する」としている［沖縄県 二〇一八：四］。

それに沿った大まかな言い方をすれば、「競技空手」とは国体やオリンピックのような大会に参加することを目指す、スポーツとしての空手であり、「伝統空手」とはそのような大会を目指すのではなく、武術としての伝統を遵守し、もっぱら心身の修練に励むことを信条とする空手のことである。[*1]

県としては、それら二種に分類しながら、両者に対して同時に振興策を推進するとの基本姿勢を公にしているわけである。従って、その分類は、行政の施策を円滑に進めるための分類ということになる。[*2]行政上、それは重要で、国の所管庁だと、スポーツ庁と文化庁の違いになるのである。

それ以外にも、代表的な例として、研究者による分類がある。高宮城繁は、「空手の種類」として、「武道空手」「競技空手」「健康空手」「舞踊空手」の四種に分けている。武道空手と競技空手は、上記の伝統空手と競技空手に相当し、健康空手は健康の維持増進を図る空手、舞踊空手は歌三味線に合わせて演じられる舞としての空手である。その分類は、研究者として空手を全体的、総合的な見地から説明するためになされている〔高宮城 二〇〇八c：七九―八五〕。

卓越した技法の空手家を開祖とする各流派も、一種の分類と見なしうる。その主な目的ないし理念は、開祖の技法を継承し、発展させることである。

沖縄において、空手の流派は、かなり古くからあったと思われがちである。しかし、それが誕生したのは、さほど古い時代のことではなく、意外と新しいのである。高宮城繁によれば、一九三〇（昭和五）年の剛柔流が最初で、一九三二（昭和七）年に上地流の前称であるパンガヰヌーン流、一九三三（昭和八）年に小林流、一九三九（昭和一四）年に松濤館空手と糸東流などが名乗りを上げた。戦前の流派は、それらだけで、今日のように多数の流派が出現するのは戦後のことである[*3]［高宮城 二〇〇八b：一五八］。

それらの分類は、それぞれの目的があってなされている。よって、分類の仕方もそれぞれの目的に合わせたやり方になっている。必要ならば、目的に応じて、新たに創り出すことも可能なのである。

しかし、それら今日的な「空手」の分類と、「トーディー（唐手）」や「ウチナーディー（沖縄手）」のような「ティー（手）」の分類とは、明らかに性格が異なる。後者は、土地の人々によって、恐らく、幾世代にも渡って、語り継がれ、引き継がれてきたのである。行政機関や研究者、流派の開祖などによる分類とは対極にある、土地の人々の伝承による分類であり、本書ではそれを民俗分類と呼ぶことにしたい。

前章では、「空手」を指す言葉を文献の上で確認する手順の第一のステップとして、固有語の「ティー（手）」と漢字表記との関係について述べた。本章では、第二のステップとして、「ティー（手）」の民俗分類を取り上げたい。

「ティー（手）」の民俗分類は、「ティー（手）」を歴史的な過去に繋ぐ起点である、と私は考えている。と同時に、上記のような現在の諸分類、とりわけ諸流派の分類に繋がる起点にもなると捉えている。つまり、「ティー（手）」の民俗分類は、その過去に向かっても、また現在に対しても、変化の様相を把握する起点と位置づけられるのである。ただ、本書では、文献上の記載という過去に向かうために、それを検討しておきたいのである。[*4]
現在ではほぼ忘れられつつあるものも含めて、「ティー（手）」をさらに下位区分し、分類する主要な用語を近代以降の文献および聞き取り調査によって収集し、整理すると、大略次のとおりとなる。

①トーディー（唐手）・ウチナーディー（沖縄手）
②スイディー（首里手）・ナーファディー（那覇手）・トゥマイディー（泊手）
③ボートーディー（棒唐手）・エークディー（櫂手）
④ティー（手）・カラディー（空手）

それらの分類は、特定の用語同士でひとまとまりをなしている。口頭伝承としてのまとまりであり、例えば、「スイディー（首里手）」と言えば、それに対する用語は、「ナーファディー（那覇手）」や「トゥマイディー（泊手）」に決まっていて、決して他の用語ではあり得ないという関係同士である。それらを一組ずつ見ていきたい。

二　唐手と沖縄手

「トーディー（唐手）」と「ウチナーディー（沖縄手）」の関係について、上記のとおり、船越は、「『沖縄手』とは固有のもの、『唐手』は中国拳法の流れを汲むものではなかろうか、と考えられる」と述べている。

その発言は、「と考えられる」としているものの、どちらかというと、考え方よりも、「沖縄手」と「唐手」に対する自身の語感を語っている、と理解したい。その一方で、次のような推察も行っている。

近世支那崇拝熱の高い時代に、数多の武人が支那と往来して支那拳法を稽古し、沖縄古来の拳法いわゆる「沖縄手」にこれを加味して研究し、短を捨て長を採り、いよいよ精妙を加えたが、その頃の人がこの術に箔をつけるために「唐手」の字を用い始めたのではなかろうか。

世界の一等国になり切った今日の日本にさえ、まだ欧米心酔者が甚だ多い位だから、当時の沖縄における支那崇拝熱が如何に盛んであったかは想像に難くない。著者の若い頃までも、なお土地の旧家と言えば、家具・調度一切すべて唐物を用いていなければ、幅が利かぬという風であった。故に、その頃の武人が好んで「唐」の字を用いた訳も推察できるのである〔船越 二〇一二（一九四二）：五八―五九〕。

今日、聞き取り調査を行っても、船越の説明と似通った話が伝わっている。ある著名な空手家が先輩方から伝え聞いているところでは、「トーディーは、今風に言えば、舶来のティーといったところで、ウチナーディーよりは一段格式が高いとする意味あいが含まれていた」とのことである。かつては、その微妙なニュアンスを含みつつ、中国拳法の影響を受けた「ティー（手）」か、あるいは在来の「ティー（手）」かという基準で分類されたものが、「トーディー（唐手）」と「ウチナーディー（沖縄手）」だったのである。

船越の説明には、決して見落としてはいけない重要な見方が、他にも含まれている。その一つは、「近世支那崇拝熱の高い時代」として、わざわざ時代を「近世」と限定している点である。船越の見方では、古代でも、中世でもなく、「近世」に「数多の武人が支那と往来」したのである。その点は、中国武術の影響が文献の上で確認される時代との関連でも、一応念頭に置いておかねばならないのである。

もう一つは、「支那拳法」を稽古し、「沖縄手」に「加味し研究」したとする見方である。物品とは異なり、「支那拳法」をそっくりそのまま持ち帰ることは不可能である。それは身体技法なので、習得済みの「ティー（手）」に取り入れて持ち帰るしか方法はないのである。単純な中国伝来説とは異なり、異文化間の身体技法の伝播に関する捉え方として、文化論の理に叶う見方をしているのである。

それは、「トーディー（唐手）」という名称のあり方とも符合する。その名称が意味しているのは、中国武術の影響は受けているが、中国武術そのものではなく、あくまでも「ティー（手）」の一種ということなのである。そして、それが「ティー（手）」の下位区分として、「ウチナーディー（沖縄手）」と対置されているのである。

「ティー（手）」の下位区分として、「トーディー（唐手）」と「ウチナーディー（沖縄手）」に分類されていることを正確に捉えるか否かは、「ティー（手）」の理解の仕方、特に文献上の理解の仕方に大きく関わってくる。詳しくは後ほど見るとして、過去の一例だけを挙げておきたい。

船越義珍は正確にそれを捉えていたのに対して、糸洲安恒はそうではなかった。糸洲の

「トーディー（唐手）」の捉え方は、「ティー（手）」を下位区分する用語の一つとしてではなく、「ティー（手）」そのものの代名詞であった。「トーディー（唐手）」を「カラテ」に読み変え、全国に流布させたことに、それは窺えるのである。

「トーディー（唐手）」と「ウチナーディー（沖縄手）」を区分する基準は、中国武術の影響を受けた「ティー（手）」か否かである。冊封体制下にあった琉球で、「トー（唐）」の国際的権威を背景にした「ティー（手）」か否かを区分の基準にしているので、それを本書では「ティー（手）」の民俗分類における国際分類と呼ぶことにしたい。

三　首里手と那覇手

「トーディー（唐手）」と「ウチナーディー（沖縄手）」は、一八六八（明治元）年生まれの船越義珍でさえも、「私が幼少の頃、よく老人から『沖縄手』とか『唐手』ということを聞いた」と記しているほどで、今日ではあまり耳にしなくなった分類である。それに対して、「スイディー（首里手）」と「ナーファディー（那覇手）」および「トゥマイディー（泊手）」の方は、今日でも比較的人口に膾炙している。

それらを比較対照しながら、本部朝基は、次のように述べている。「古来、首里に於いては、稽古の初期は、六分の力でもって練習し、ひたすら敏活を旨とした。那覇に於いては、それと反対に、十分の力を傾注して、専ら、筋骨の発達に意を用いた。泊に至っては、首里・那覇と趣を異にし、一風変わった系統を伝え来たったものである」〔本部 二〇〇七（一九三二）：一〇―一二〕。高宮城繁によれば、昭和の初頭までは「慣習として、型の特色・教習体系・伝承地の地名に因んで」、それら三とおりに類別されていた〔高宮城 二〇〇八b 一五七〕。

その一方で、船越義珍は「『手』には『首里手《しゅりで》』と『那覇手《なはで》』というふた通りの名称が主に使われていた」としている〔船越 一九七六（一九五六）：九九〕。また、島袋源一郎は「空手も首里流と那覇流とは、多少趣が違っていたといわれている」と述べ、「手」ではなく「流」と表現しつつも、やはり同様に二つに分けている〔島袋 一九四一：一四七―一四八〕。

聞き取り調査でも、その二区分はよく耳にする。例えば、「スイディー（首里手）」は舞うかの如く体を軟らかく使い、要所要所だけ力を込めるのに対して、「ナーファディー（那覇手）」は終始体を固くし、力を込めている。「スイディー（首里手）」は呼吸法にはあまり気を使わないが、「ナーファディー（那覇手）」は意識的に強く拘る、といった具合である。また、真偽のほどは別として、「スイディー（首里手）」の使い手は長命で、「ナーファディー（那覇手）」は短命であるとも言われている。*5

そのように、三とおりか、あるいは二とおりかという違いはあるにしても、今日の那覇市内の各地域によって分類されている。ただし、各地域に関しては、一八九六（明治二九）年の郡区制実施による那覇区の誕生以前に遡って、理解されねばならないであろう。かつては、那覇四町と称され、「西・東・泉崎・若狭の四ヶ村」からなっていた。その当時は、「首里三平・那覇四町・泊・久米村と連称」されていたのである［東恩納 一九五〇：一六五］。

久米村については、既述の「閩人三六姓」で触れたとおりである。その他については、首里はかつての王府の所在地であり、那覇と泊は王朝時代の海上交易の拠点となった港の所在地である。それらによる分類は、それぞれの身体技法の違いもさることながら、さらに沖縄の中での空手の中心地（ないし発祥地）はそれらの地域であり、決してその他ではないという差別化まで含まれている、と理解すべきであろう。

「スイディー（首里手）」と「ナーファディー（那覇手）」と「トゥマイディー（泊手）」を区分する基準には、王国時代の主要な地域が用いられてる。それを本書では、「ティー（手）」の民俗分類の中の地域分類と呼ぶことにしたい。

四　棒唐手と櫂手

「ボートーディー（棒唐手）」と「エークディー（櫂手）」は、上記の二種とは異なり、用いる武具を区分の基準にした分類である。今日では、武具を用いるか、用いないかで、古武道と空手道を区別している。しかし、「沖縄の伝統古武道は元来独立した武道として発達したものではなく、空手道と併存して発達してきたと考えられる」〔仲本・津波 二〇〇八：三〇〇〕。そのため、「ボートーディー（棒唐手）」と「エークディー（櫂手）」のように、「ティー（手）」の分類の一種をなしていると思われる。

通例だと、それらは沖縄伝統古武道の武器術として取り上げられ、棒術・櫂術などとして、それぞれの技法についての説明がなされる〔例えば、仲本 二〇〇八：三二七―三四五〕。その一方で、「俗に『棒唐手《ぼうとうでー》』とか、『佐久川の唐手』とか」云々というように、「ボートーディー（棒唐手）」の名称も見受けられる〔島袋 一九四一：一四六〕。また、「エーク（櫂）術は『砂掛け（砂カチ）』または『エーク手』ともいう」という具合に、「エークディー（櫂手）」の名称なども見受けられるのである〔仲本 二〇〇八：三四四〕。

両者とも、私が文献から拾い出したもので、人口にはほとんど膾炙していないと思われる。その意味では、「トーディー（唐手）」と「ウチナーディー（沖縄手）」の方が、まだ少しは知名度が高いと言えるかも知れない。

なお、鎌術もよく耳にするので、「エークディー（櫂手）」などに対置して、カマディー（鎌手）という用語がないかを、ある古武道の大家に尋ねてみた。不思議なことに、「エークディー（櫂手）」はあるが、カマディー（鎌手）という言葉はないとのことである。

ただし、「カマヌティー（鎌の手）」という言い方は、よく耳にしたとのことである。宮城篤正も「鎌術のことを普通、『鎌ぬ手』と称している」と述べている［宮城（篤）一九八七：一二〇］。それは助詞「ヌ（の）」が単語と単語の間に置かれることによる意味の限定であり、単語同士が直接結びつく「エークディー（櫂手）」などと同列の扱いはできない。しかし、「カマ（鎌）」は古武術としては、かなり有名なので、注意だけは喚起しておきたい。

「ボートーディー（棒唐手）」と「エークディー（櫂手）」は、用いる武具を区分の基準にした分類である。本書では、それを「ティー（手）」の武具分類と呼ぶことにしたい。

五　手と空手

前章で触れたとおり、沖縄では「普通はただ『手』と呼ばれていた」が、「『から手』という呼び方」もあった、と船越は述べている。しかし、両者の違いについての説明は何もしていない。

言葉としては、「ティー（手）」に修飾語の「カラ（空）」を被せて「カラディー（空手）」とし、何も手にしていない、寸鉄も帯びていないという状態を強調していることは、琉球語を解する者であれば、容易に理解できる。ただ、本書では、単にその意味の違いがあるというだけでなく、「ティー（手）」と「カラディー（空手）」も、土地の人々による区分として、民俗分類の一種と見なすべきである、と考えているのである。

もしも、「ボートーディー（棒唐手）」や「エークディー（櫂手）」などを包含して、「武具を用いるティー（手）」という意味の用語があれば、それが「カラディー（空手）」に対置されることになるであろう。しかし、いくら探しても、それはないのである。

つまり、「カラディー（空手）」は、あくまでも「ティー（手）」と対置されているのであり、両者を切り離さず、一つのセットとして捉えないといけないことになる。両者が「〇〇ディー（手）」の形式で組み合わさっているのではなく、また区分の基準も質的に他とは異なるのであるが、土地の人々による分類には違いないのである。

そこを少し掘り下げて考えるためには、いささか面倒でも、「カラ」という言葉に関わらざるを得ない。一般的な国語辞典的な意味における日本語の「から（空・虚）」は、「何もない」ということを意味する際に用いられる。空箱・空身・空出張・空元気・空約束などである。琉球語の「カラ」にも同様の用法は認められる。

しかし、それとは微妙に意味の違う用法も認められる。「何もない」というよりも、「それしかない」という強調の意に用いられるのである。例えば、足は「ヒサ」で、「カラ」を被せると、「カラビサ」となり、裸足の意となる。漢字表記だと、「空足」とせざるを得ないであろう。また、酒は「サキ」で、「カラザキ（空酒）」は、肴を一切口にしない飲酒を意味する。「ヒサ（足）で歩く」ということと、「カラビサ（空足）で歩く」ということの違いは、ハッキリしているであろう。前者は履き物を履こうが履くまいが、ともかく足で歩くのであり、後者は履き物を履かず裸足で歩くのである。同様に、「サキ（酒）を飲む」のは肴を口にしようがしまいが関係ないが、「カラザキ（空酒）を飲む」となると、まったく肴を口にしない飲酒である。

「カラザキ（空酒）」の方がより分かり易いと思われるのであるが、それは「酒がない」のではなく、「酒しかない」という強調形なのである。「カラビサ（空足）」も同様で、余計な履き物は一切なく、ほんとに足だけという強調の意が伴う。

「カラビサ（空足）」にしろ、「カラザキ（空酒）」にしろ、それぞれ「カラ」の付かない元の言葉があって、それと対をなし、対置されて意味を醸しているのである。換言すれば、「カラ」の付いた言葉は、それの付かない元の言葉と常に対をなしているのである。

「カラディー（空手）」も同じである。「ティー（手）」に「カラ」を被せると、手に何も持っていない、ほんとに手だけという強調の意が伴うのである。すなわち、「ティー（手）」は、何かを持っていても、また持っていなくても、「ティー（手）」であるのに対して、「カラディー（空手）」は、まったく何も持っていないから「カラディー（空手）」なのである。そして、強調されているのは、そこにあるのは手だけで、手しかないという点なのである。

両者の区別で肝心な点は、「カラディー（空手）」があれば、そこに間違いなく「ティー（手）」があることになるが、「ティー（手）」があるからといって、「カラディー（空手）」があることにはならない点である。両者を混同することは、「ヒサ（足）」と「カラビサ（空足）」、「サキ

（酒）」と「カラザキ（空酒）」を取り違えることと全く同じなのである。

要するに、ある特定の名詞に「カラ（空）」が付くと、「何もない」のではなく、「それしかない」状態ということになる。*6 「ティー（手）」と「カラディー（空手）」は、先述の三種の分類のように、固有か否か、どの地域か、武具は何かといった基準による分類とは異なり、「ティー（手）」の状態を基準にしているのである。その点は異なっていても、土地の人びとによって伝承されてきた「ティー（手）」の分類であり、その意味において、民俗分類の一種と見なさねばならないのである。

ややこしいことに、「カラディー（空手）」も「ティー（手）」とまったく同じで、「身体のカラディー（空手）」なのか、それとも「武術のカラディー（空手）」なのかは、脈絡によって判断するしかないのである。それに際しては、脈絡の醸し、伝えるイメージが重要となる。もしも、「足」による攻撃がイメージされるのであれば、それは「身体のカラディー（空手）」ではなく、「武術のカラディー（空手）」である、と判断してよいことになるのである。

要するに、「カラディー（空手）」は、普通の「ティー（手）」ではなく、全く何も持っていない状態が強調されているのである。本書では、それを強調分類と呼ぶことにしたい。

六　民俗分類の性格

これまで記述してきた「ティー（手）」の民俗分類は、「ティー（手）」が特定の基準で区分される四種の分類からなっている。その基準に着目しながら、諸用語を整理し直すと、次のとおりとなる（表①参照）。

表①　「ティー（手）」の民俗分類

総称	区分基準	用語	全国的名称
ティー（手）	国際	トーディー（唐手）	唐手（カラテ）
		ウチナーディー（沖縄手）	← 変更 ←
	地域	スイディー（首里手）	
		ナーファディー（那覇手）	
		トゥマイディー（泊手）	
	武具	ボートーディー（棒唐手）	
		エークディー（櫂手）	
	強調	ティー（手）	
		カラディー（空手）	空手（カラテ）

「ティー(手)」の民俗分類には、二つの注意を要する点がある。まず一つは、国際分類・地域分類・武具分類・強調分類の相互の関係である。どちらか一方の分類は、もう一方の分類と排除し合う関係にはなく、互いに一部が重なり合っても構わない点である。

例えば、糸洲安恒は、地域分類としては、「スイディー(首里手)」の使い手である。その一方で、国際分類としては、「トーディー(唐手)」の武人なのである。糸洲本人は、「スイディー(首里手)」の使い手でありながら、「トーディー(唐手)」こそが「ティー(手)」の代名詞である、と考えていた訳である。そのように、各分類は一部で重なり合うことがあり、意味上の関係は横並びで、上下の関係にはないのである。

もう一つは、各分類および各用語が、互いに時系列的な前後関係を示していない点である。それは、おおかた年代のはっきりした文献資料などとは異なり、口頭伝承のごく一般的な性格と言える。伝承資料は、それ自体では、絶対年代どころか、時間軸上における前後関係すらも我々に伝えてくれないのである。

それが伝承資料を変化の中で捉える際のどうしようもない弱点なのである。もちろん、ある土地における古老達の記憶と今日の状況との違いという程度の変化であれば、伝承でも十分に追える。しかし、大きな歴史的な変化の中でそれを理解しようとすれば、伝承資料だけでは、方法論的に手も足も出ないのである。どうしても、信頼に足る文献資料との照合が必要とされるのである。

＊1　ただし、それはこれまでの理念的な分け方である。私が聞き取りを行った限りでは、流派全体としては競技大会への参加を認めていなくても、個人の資格で出場することまでは禁止せず、個人の自由であるとする考え方も、実態的には増えつつあるようである。

＊2　沖縄空手の長い歴史からすれば、伝統空手と競技空手の分類は比較的最近のことで、県内において顕在化するのは、一九八〇年代のことである〔濱川 二〇一八：一七―五四〕。

＊3　再三引用している『沖縄空手古武道事典』（二六〇―一九四頁）には、ざっと数えて二十余の流派が紹介されている。詳細はそれに当たって頂くこととし、ここでは参考までに流派名だけを列記しておきたい。
　石嶺流《いしみねりゅう》・一心流《いっしんりゅう》・上地流《うえちりゅう》・沖縄拳法《おきなわけんぽう》・空真流《くうしんりゅう》・剛柔流《ごうじゅうりゅう》・硬軟流《こうなんりゅう》・剛泊流《ごうはくりゅう》・孝武流《こうぶりゅう》・湖城流《こじょうりゅう》・糸東流《しとうりゅう》・松濤館《しょうとうかん》〈流《りゅう》〉・昭平流《しょうへいりゅう》・小林流《しょうりんりゅう》・少林流《しょうりんりゅう》・松林流《しょうりんりゅう》（「まつばやしりゅう」とも）・少林寺流《しょうりんじりゅう》・少林寺流《しょうりんじりゅう》（同名別流派）・中部少林流《ちゅうぶしょうりんりゅう》・渡山流《とざんりゅう》・日本少林寺唐手道《にほんしょうりんじからてどう》・本部流《もとぶりゅう》・劉衛流《りゅうえいりゅう》・琉球少林流《りゅうきゅうしょうりんりゅう》。

＊4　「土地の人びとの認識のあり方」を問う方法としての「民俗分類」〔松井 一九八九：八〕とは、用語は同じでも、目的は異なる。本書では、「認識のあり方」ではなく、「変化のあり方」を問い

たいのである。

＊5　どう言う訳か、私自身、よく分からないのであるが、聞き取り調査では、「トゥマイディー（泊手）」のことは、なかなか耳にしない。印象としては、どうも影が薄いのである。「スイディー（首里手）」と「ナーファデー（那覇手）」しか知らないという話者もおれば、「トゥマイディー（泊手）」は「スイディー（首里手）」に含めても良いのではないかという話者もいる。私の話者の探し方に問題があるかも知れないので、今後とも注意したい。

＊6　名詞に「カラ」が付く面白い例があるので、紹介しておきたい。一昔前まで、沖縄の正月においては、豚肉が欠くことの出来ない儀礼食になっていた。豚肉でも、あばら肉のように骨に付いた肉は「フニ（骨）」と称され、それを食べることを「フニ」を食べると言った。そして、ほんとうの骨、すなわちその肉を食べた後に残る骨は「カラブニ（空骨）」と呼ばれたのである。

第五章　民俗分類と文献

一　先行研究

「ティー（手）」の民俗分類を文献と照合するということは、民俗分類に用いられている諸用語のうち、一体どの「ティー（手）」が、どの時代の、どの文献に記載されているのかを確認する作業ということになる。それが本書における第三のステップである。

幸いなことに、空手あるいは空手に関連する武術名が現れる文献については、幾つかの先行研究を参考にすることが出来る。代表的なものを上げると、高宮城繁・新里勝彦・仲本政博編著『沖縄空手古武道事典』（二〇〇八年、柏書房）は、その時点までの沖縄の空手と古武道に関する歴史や状況を集大成している。その後に関しては、嘉手苅徹『沖縄空手の創造と展開―呼称の変遷を手がかりにして―』〔嘉手苅 二〇一七〕、および田名真之「近世琉球の空手関連資料」〔田名 二〇一九〕などがある。*1

それらを参考にしながら、民俗分類の諸用語が文献にどのように現れるのかを見ていきたい。ここで、一寸注意を要するのは、本章で取り上げるのは、先行研究で扱われている全ての用語ではない点である。あくまでも、これまでの手順を踏まえ、民俗分類の諸用語に対応する文献上の諸用語に限定されるのである。

文献上で空手を指す用語を捉える際の最も基本的な視点として、それが固有語の漢字表記されたものであるか否かの区別は重要である。土地の人びとの人口に膾炙し、一定の区分基準ごとにまとまりをなす諸用語と、ほとんどが固有語を解さない余所者による一語だけの断片的な情報としての諸用語とは、分けて検討されねばならない。両者における文化的な情報の質的違いは、論を俟たないからでる。民俗分類を踏まえて、文献を検討すると言うことは、それら両者を十把一絡げに扱うのではなく、別々に分けて扱うことを同時に意味するのである。

従来の研究においては、空手に関連する用語が記載されているにも拘わらず、琉球語による正確な読みがなし得ないまま、曖昧な捉え方、あるいは間違った理解の仕方に陥っている例が見受けられる。逆に、琉球語とは何の関係もない用語を空手と誤解している例もある。手順として、民俗分類を踏まえておくと、文脈の中で琉球語の漢字表記と判断されるのであれば、読み方は自ずと決まってくるのである。本章で扱うのは、その類いの用語なのである。

なお、本章で取り上げる近世以前の文献の引用に際しては、特に必要がない限り、多少の意訳を加えた現代語訳を用いたい。ただ、どうしても元の文を読みたいとの要望もありうるので、比較的長い場合は註に回し、短い場合は本文で示すことにしたい。

二　空手

民俗分類に対応する用語を時代的に古い方から順に取り上げると、『琉球国旧記』に記された「空手」が最古である。『琉球国旧記』は、一七三一年、王府の命を受けた鄭秉哲《ていへいてつ》が『琉球国由来記』（一七一三年、首里王府編）に補訂を加え、漢文で編集し直した書である。その「巻之二」の「京阿波根塚《きょうあはごん》」の件に、第二章の「沖縄固有説」において島袋源一郎が紹介している『球陽』の記事とほぼ同じ内容の説明がなされているのである〔伊波・東恩納・横山編　一九六二：一五〕。

『琉球国由来記』では、巻五の「真和志森」の条に、「この嶽は、中山門坊外にある。俗伝では、虞姓京阿波根親雲上實基塚と云う。詳しくは分からない」[*2]としているだけである〔外間・波照間編 一九九七：一四三〕。つまり、『球陽』とほぼ同じ説明は、『琉球国旧記』の編纂で付け加えられたのである。

『球陽』は、漢文で書かれた琉球の正史であり、「一七四三年に四人の纂修司によって編集が始められ、一七四五年に完成（一四巻まで）、それまで球陽會記といわれていたのが、球陽とよばれるようになった。これが代を經て仕次（書繼）されて、尚泰王に及び、正巻二十二巻、附巻四巻から成っている」〔球陽研究會 一九七四：二六〕。その「四人の纂修司」のうちの一人が『琉球国旧記』の編者でもある鄭秉哲で、「空手」に関する記事の執筆分担者である。

『琉球国旧記』と『球陽』の当該部分を比較すると、内容の大筋はほぼ同じとは言え、『球陽』の方がより詳しい。また、これまでの空手の研究史において『琉球国旧記』に触れたものはなく、専ら『球陽』だけが注目され、取り上げられてきた。ここでは、両書の異同の説明がし易いように、また従来の研究との比較も容易なように、『球陽』の記述を見ることにしたい。

参考文献として用いるのは、『球陽 原文編』と『球陽 読み下し編』である（以下、『原文編』『読み下し編』と略記）。両者とも、一九七四年に角川書店から刊行されている。前者は「球陽研究會」、後者は「球陽研究会」によって編集されている。「会」の名称が旧漢字と新漢字で区別されているので、本書でもそのとおりとし、どちらかが誤植ではないことを断っておきたい。いずれも顔ぶれは同じで、島尻勝太郎・嘉手納宗徳・渡口眞清・名嘉順一・糸数兼治・外間守善となっている。

『球陽』の「空手」に関する記事は、尚真王在位中の嘉靖年間（一五二二―一五二七年）の出来事として記されている。その見出しは、「虞建極、二次京に赴き、以て剣を磨き並びに討還を為す。」となっている。結構な長文であるが、空手史にとっては最重要記録なので、省略しないで、全てを『読み下し編』の現代語訳で紹介したい。

嘉靖年間、王には治金丸と名づけられた一つの宝剣があった。その剣の状態が常ではないので、王は虞建極（京阿波根實基《きょうあはごんじっき》）を京に送って、磨かせることにした。王后は剣の姿形を密かに壁に描いてから建極に渡した。王命を受けた建極は、剣を高く捧げ持って王城を出ようとした。ちょうどその時、君真物神が出現し、中山坊外まで見送った。

京では、腕の良い研ぎの匠を探して磨かせた。匠は、それが名刀であることを知り、密かに新しい剣を造り、それと換えて返した。建極はそうとは知らないまま、王都に持ち帰った。その時には、神の出現はなかった。そして、誰もそのことを知らないまま、剣を保管箱に収めた。

ある日、王后がその剣を取り出し、壁に描かれた形と較べると、それに符合しない。王后は直ぐさまそれが宝剣ではないことに気づき、つぶさに王に告げた。そこで、王は宝剣を取り戻すべく、建極を京に送った。建極は王命を奉じて再び京都に入り、逗留すること三年、心を尽くし、力を振り絞り、多くの奇計を用いて、宝剣を取り戻した。そして、帰国の時には、君真物神が前のように出現して、中山坊外で出迎えた。王は、大いに喜び、褒め称え、采地を与え、高い身分に抜擢した。それから後は、威武を広く発揮し、名を内外に轟かせた。間違いなく、その人柄は、性質敏捷、剛直にして私欲がない。勇力は人並み以上で、局量は広くて大きい。

当代の人々は、並外れたその勇気と力を疎み、交わりを嫌った。ついには、ある人が王に讒言し、告げ口をした。王は、建極を殺害しようと思っても、如何せん、それに値する罪はない。それで、ある日、朝廷に招き、茶席を設け、そこで童子に匕首で刺させた。建極は手に寸鉄も無く、ただ空手でもって童子の両股を折破し、城門を走り出て、中山坊外まで行って斃死した。

時に、女君神が現れ、罪もなくして死んだことを悲しみ傷んで、その亡骸を収めて葬った。しかし、人々はその亡骸の在る所を知らない。今、都外に石を積んで囲われている所がある。俗伝に、京阿波根塚という。そこは、あるいは、そうかも知れない*3［球陽研究会編 一九七四：一五九］。


話の筋として、『琉球国旧記』に書かれていないのは、王后が剣の姿形を密かに壁に描いておいて、それと較べて偽物であることを見破ったこと、および建極が罪もなくして死んだとすること、それら二点である。

文中の「中山坊外」「君真物神」「童子」「女君神」などは、強いて現代文に訳するよりも説明を加えた方が良いかと思われる。

守礼門から西側に伸びる道路は、綾門大道《あやじょうふみち》と呼ばれている。その西の端、現在は染色工房の「首里琉染」がある辺りに、明治時代まで、王都首里への最初の坊門、すなわち中山門《ちゅうざんもん》があった。「中山坊外」とは、その中山門の外の意で、王都の外ということになる。その反対側は、中山坊内である。ちなみに、玉陵《たまうどぅん》は「中山坊内の地」に築かれたのである〔球陽研究会編　一九七四：一五〇〕。

『球陽』によれば、「君真物」は婦女に憑く神の総称である。憑かれる婦女を尊んで「女君」という。神は、「婦人の二夫せざる者」を「尸」（かたしろ）にする。つまり、「女君」はもっぱら神の妻ということになる〔球陽研究会編　一九七四：九四〕。「君真物神」は「君真物」にさらに「神」を付けているが、君真物の憑いた女君の意味と思われる。「女君神」は、「女君」に敬意を込めていると思われる。

『球陽』には、「泊村の八九歳より以て十二三歳に至るまでの童子五六人」が云々という文言がある〔球陽研究会編　一九七四：六六二〕。それからすると、「童子」は、少なくとも十二歳、十三歳ほどにはなっている男子を指すことになる。

さて、その文中で肝心な点は「空手」の理解の仕方である。再度確認することになるが、島袋はその文中の「空手」について、「或は是れ単に素手と云ふ意味であるかも知れないが」としつつも、もう一方では「しかし徒手空拳の偉大なる力を発揮していることは事実である」とも述べている。

我々は、その「空手」が「身体の空手」なのか、あるいは「武術の空手」なのかをまず判断しなければならない。既に述べたように、それは文脈によらなければならない。島袋は両者の間で迷いつつも、「徒手空拳の偉大なる力を発揮している」ことを認めている。私が読んでもその点は認めざるを得ないのであり、文脈からは「武術の空手」と判断する以外にはないはずである。しかも、「童子の両股を折破」するという下半身への攻撃なので、「足」による強烈な蹴りというイメージで捉えることが出来るのである。[*4]

「武術の空手」ではなく、反対に「身体の空手」であると仮定すると、どういう現代語訳になるであろうか。『訳注　琉球国旧記』を著した原田禹雄の訳は、まさにその例となる。それによれば、匕首で刺された實基は、「手に寸鉄もなかったので、手づかみで少年の両股を裂いて」となるのである〔原田訳注　二〇〇五：五四〕。

ちなみに、その部分の原文は、『琉球国旧記』では「實基手無二寸鐵一。以二空手一。撃二破童子兩股一。」となっている〔伊波・東恩納・横山編　一九六二：一五〕。その「撃破」は、『球陽』では「折破」となっている点だけは違うが、他は同じである〔球陽研究會編　一九七四：一九七〕。

原田の訳のように、手づかみで少年の両股を裂くというのは、普通の状態でもかなり不自然であり、ましてや匕首で刺され、負傷している状態では、なおさらである。それにも拘わらず、これまでの研究は、その不自然な読み方をしてきたのである。何も原田一人の責任ではなく、研究史全体の問題なのである。

私のイメージとしては、匕首で刺された「空手」の達人、すなわち沖縄でいう「ブシ（武士）」のとっさの反撃として、「童子の両股を折破」したのである。何故、そのような文脈の捉え方、読み取り方にならないのか、不思議でしょうがないのである。

文脈をそう捉えると、「空手」の読み方は自ずと決まってくる。民俗分類に用いられる「カラディー」があり、漢字で表記すると「空手」になる。文献上の「空手」は、船越義珍その他が「カラテ」と読み変える以前は、民俗分類同様、全て「カラディー」と読まなければいけないのである。

もしも、それを「カラテ」と読むとすれば、尚真の時代に「カラテ」だったものが、後の時代に「カラディー」に変わったと主張するようなものである。また、音読みでも良いとするのであれば、『球陽』の中の「祝女」を「シュクジョ」と読むようなものである。それでは意味が全く分からなくなる。やはり、「ノロ」と読まなければいけないのである。[*5]「空手」は「祝女」に較べると、遥かに容易く、琉球語で読める方なのである。

要するに、京阿波根實基は、「武術のカラディー（空手）」を使ったのである。そうすると、實基に関する『琉球国旧記』の記録が、それの文献上の初出ということになる。しかも、その記述の内容は、尚真王在位の嘉靖年間（一五二二―一五二七年）に起きた出来事としているので、「カラディー（空手）」はその当時には既にあったことになるのである。

一つ問題があるとすれば、實基に関する記録が史実なのか否か、あるいは實基は実在したのか否かという点であろう。それについては、『琉球国由来記』『琉球国旧記』『球陽』が同様に記している「京阿波根塚」が現存し、實基の子孫達による墓碑も建てられていることなどから、疑う余地のない史実で、實基も実在した人物なのである。ただし、煩雑になることを避けるため、それらについては改めて第八章で取り上げることにしたい。

ところで、『球陽』には、「空手」に関する記事がもう一つ載っている。その附巻二尚貞王の条に次のとおり記録されている。ただ、尚貞王の何年というように時期を限定していないので、その在位期間中（一六六九―一七〇九年）の出来事ということになる。

読谷山間切の比謝村に、儀間という者がいた。腕力が甚だ強く、勇猛果敢であった。牧場で馬を飼っていた。あるとき、在番使の川上右京がその間切に行って、猪狩りをした。まさにその時、大きな猪が現れた。矢と刃を受け、激烈に奮怒して、猛然と飛びかかってきた。儀間は空手でそれを捕り押さえた。傍観していた者達は、皆賛嘆した。

また、川上は牧場に入って馬を見た。ただ一頭、牡馬がいた。体は大きく、気は荒く、跳ね回りながら、人に向かってくる。人は皆驚いて散る。川上氏は、それを指して、真に駿馬であり、引っ張ってきて、見せてくれと言う。儀間が近づくと、牡馬はますます怒り狂い、蹄を立てて抗う。儀間は一刻あまり苦闘して、その馬を捕まえ、川上の前に引っ張ってきた。

川上は、その絶大な腕力を誉め称え、ついに右京の号を授けた。それより後、筑登之に昇任し、さらに黄冠にまで至った。そのために、儀間は右京筑登之親雲上と称された*6

〔球陽研究会編　一九七四：七〇八〕。

その文の「空手でそれを捕り押さえた」は、『読み下し編』では「空手にて擒住す」、『原文編』では「空手擒住」となっている。受け取れるイメージとしては、素手ではなく、京阿波根實基が童子の両股を折破したよりもさらに低い位置へ蹴りで攻撃したのである。従って、それもまた、寸鉄も帯びない武術の「カラディー（空手）」と判断する以外にはないはずである。

ここで一つ確認しておきたいのは、『球陽』においては「素手」と「空手」を区別して書き分けているかという点である。それに関しては、『球陽』尚啓王（在位一七一三—一七五一年）の条の次の記述と比較すると分かり易いであろう。

久志間切天仁屋村の比嘉は、生来の親孝行であった。ある日、母親が野路で思いがけなく猪に襲われた。人々が集まって来て救おうと思っても、新たな手負いで、ますます怒り猛るのを見て、誰も敢えて近づかない。その時、比嘉は病に伏していた。母が危ないことを聞き、思わず起き上がって、その元に飛んで行って救った。ただ母のことだけを思い、我が身のことは忘れていた。手に寸鉄もなく、直ちに駆けつけて、猪の両方の股と蹄を摑まえ、持ち上げた。皆も加勢して助け、猪を殺し、母親を救助したのであるが、重傷でついに死んでしまった[*7]［球陽研究会編 一九七四：二四八］。

その記事によれば、天仁屋村の比嘉は「手に寸鉄無く」、猪の両足を摑まえ、殺す時には皆に加勢をしてもらった。それに対して、比謝村の儀間は「空手」で猪を倒して、傍観する者たちを嘆賛させた。

前者は「素手」で猪を捕獲したので、殺すのには他の村人の助けが必要だったが、後者は「空手」で猪を倒したので、他人の加勢は必要なかったのである。両者の違いは歴然としており、明らかに区別して書き分けているのである。

三　唐手

現在、私が知る限りでは、近世以前の文献で「空手」が確認できるのは、一七〇〇年代の『琉球国旧記』と『球陽』だけである。それとは対照的に、一八〇〇年代以降の記録には、「唐手」が出現する。年代別に小見出しにして示したい。

①一八四六年の「唐手」

一八四六年、尚育王の下で王朝時代最後となる首里城正殿の改築が行われた。山内盛彬は、大正の初めごろに、その落成祝いの芸能に参加した唯一の生存者で、当時九十余歳の翁に聞き取り調査を行った。その報告「王城落成祝の木遣（チヤ yi）音頭」によれば、祝賀芸能に参加したのは、首里三平・那覇・泊・久米などの諸団体で、コラム②に示した「中山門から守礼門までにぎにぎしく行列した」〔山内 一九九三（一九六四）：二〇三〕。その行列の順序、およびそこで演じられた芸能も団体ごとに決まっていて、久米からの出し物は下記のとおりであった〔山内 一九九三（一九六四）：二〇五〕。

（1）按司
（2）唐手組（パッサイ・クーサンクー）
（3）戦士（盾で戦う）
（4）打花鼓
（5）女踊

その中に「（2）唐手組（パッサイ・クーサンクー）」が入っている。「唐手」が出し物に入っているのは、各団体のうちでも、久米だけである。しかも、「唐手組」なので、一人ではなく、複数の者で、「パッサイ」と「クーサンクー」の型を演武していることが分かるのである。

それに関して、嘉手苅徹は「国事の祝賀に供される芸能として、初めて自称の唐手が登場し、その担い手は、久米村の若い士族で組織されていた」と指摘している〔嘉手苅 二〇一七：

六四]。また、「その後、唐手は複数の文献に表され、一般化されて近代沖縄へ繋がっていった」とも述べている。当然のことながら、その「唐手」を「トーディー」と読んでいる。

②一八六七年の「唐手」

最後の琉球国王となった尚泰は、一八四八年に即位し、一八六六年に冊封を受けた。その翌年、一八六七年の祝宴に組踊『二山和睦』が供された[鈴木 二〇〇六：三三]。その台本に、「大原に出て鎌手唐手鎗長刀不足ないん武芸の数々御嗜の御様子」として、「鎌手」と「唐手」が登場する[嘉手苅 二〇一七：六五]。

「鎌手」は、仲本政博が『沖縄空手古武道事典』で取り上げている「鎌術」に相当すると思われる[仲本 二〇〇八：三四〇—三四一]。読み方は、「カマディー」しかないであろう。既述のとおり、伝承では、「カマヌティー(鎌の手)」という言い方はあったが、「カマヌティー(鎌手)」はなかった。そのため、民俗分類からは除き、注意だけ喚起しておいた。「カマヌティー(鎌の手)」と「鎌手」は、実質的には同じであると思われるが、「鎌手」は民俗分類の用語であると同時に、文献にも記載されている用語ということではないのである。

③一八六七年の「唐手」

同じく、尚泰王冊封の翌年（一八六七年）、久米村による祝宴で供された諸芸のプログラム「三六九並諸芸番組」は、全演目二一番からなる［島袋（全）一九五六：三〇〇―三〇六］。私ではよく分からないものもあるが、嘉手苅によれば、そのうち武芸の演目は一〇番である［嘉手苅 二〇一七：六九］。それらの武芸と演者は次のとおりである。

籐牌	真栄里筑親雲上	
鉄尺並棒	新垣通事	
十三歩	新垣通事	
棒並唐手	真栄里筑親雲上	新垣通事親雲上
ちしやうきん	新垣通事親雲上	
籐牌並棒	富村筑親雲上	新垣通事親雲上
鉄尺	真栄田筑親雲上	
交手	真栄田筑親雲上	新垣通事親雲上
車棒	池宮城秀才	

それらの中に、「棒並唐手」と「交手」が記載されている。嘉手苅は「交手とは、素手の組手、鉄尺並棒、籐牌並棒は武器の攻防、棒並唐手は、武器と素手の唐手の攻防を演じたものと考えられる」としている〔嘉手苅 二〇一七：六九〕。

それによれば、「交手」は「ティー（手）」そのものを指示する言葉ではなく、その使い手達の「組手」のことである。従って、一〇番のうち、民俗分類の「〇〇手」に合致するのは「唐手」だけということになる。

ただし、「棒並唐手」の読み方が「ボートーディー」で良いのであれば、名称としては武具を基準として区分された分類の「ボートーディー（棒唐手）」と同じということになる。その分類用語は、私が文献から拾い出したもので、聞き取り調査から得られたわけではないので、内容はよく分からない。ただ、「鎌手」と同じように、言葉としては民俗分類とぴったり一致しなくても、中味は同じである可能性はあるのである。

四　空手と唐手

民俗分類に用いられ、かつ文献にも登場する用語は、以上のとおりである。それらを文献ごと、年代ごとに整理したい。古い方から順に、用語・読み方・「ティー（手）」の使い手・年代・出典などを一覧表にしてみた（表②参照）。ただし、年代は、文献の編纂年や出版年ではなく、文献に記載された出来事が起きた年代のことである。また、年代に幅があるのは、年代が特定されていなくて、その期間中に起きた出来事を意味する。

表②には、民俗分類の用語と文献記載の用語との関係が明確に見て取れる。民俗分類に用

表②　文献上の諸用語

用語	読み方	使い手	年代	出典
空手	カラディー	京阿波根實基	一五二二―一五二七年	『琉球国旧記』『球陽』
空手	カラディー	読谷山の儀間	一六六九―一七〇九年	『球陽』
唐手	トーディー	久米の唐手組	一八四六年	山内〔一九六四〕
唐手	トーディー	（組踊台本記載）	一八六七年	鈴木〔二〇〇六〕
唐手	トーディー	久米の親雲上	一八六七年	島袋（全）〔一九五六〕

いられる諸用語のうち、たった二つ、すなわち「空手」と「唐手」しか、文献には出てこないのである。また、その二つの時間軸上の関係も、明確に見て取れる。古いのは「空手」で、「唐手」は比較的新しいのである。

その時間軸上の関係を掘り下げていくと、「空手史の基本形」に行き着くことになる。しかし、その前に、民俗分類には対応しないものの、文献には登場する「空手」に関連する諸用語も一瞥しておきたい。

＊1　嘉手苅の研究は早稲田大学大学院スポーツ科学研究科に提出された学位論文で、田名の方は沖縄県の空手振興課が主催した空手アカデミーでの講演資料である。

＊2　原文は、「此嶽、有中山門坊外。俗伝、虞姓京阿波根親雲上實基塚云。詳不可考。」となっている。

＊3　『読み下し編』の該当する箇所は、次のとおりである。

嘉靖年間、王に一宝剣有り、名づけて治金丸と曰ふ。其の剣の常と異なるを以て、王、虞建極（京阿波根實基）をして京に赴きて之れを磨かしむ。王后、其の剣様を以て、密かに壁上に写して授与す。虞建極、命を奉じ高く此の剣を捧げて将に王城を出でんとす。君真物神出現して中山坊外に送る。既にして京都に入り、良匠を尋ね求めて之れを磨かしむ。磨匠、其の剣の鏌鋣たるを知り、密かに新剣を造り、換へて以て之れを還す。而して建極、其の事を知らずして帯び来る。此の時、神の出現無し。而して人之れを知らず、只之れを匣中に蔵す。一日、王后、亦其の剣を出し、其の剣様と以て相較を為すに、此の剣、符合せず。王后、即ち其の宝剣に非ざるを知り、細さに王に告ぐに告ぐ。是れに由りて王、亦建極をして京に赴き宝剣を討還せしむ。建極、王命を奉じて再び京都に入り、逗留すること三年、心を尽くして力を竭し、多く奇計を用ひて宝剣を取得す。而して帰国するの時、其の神、前の如く出現して中山坊外に迎ふ。王、大いに之れを喜悦し、深く之れを褒嘉し、賜ふに采地を以てし、擢んづるに顕爵を以てす。此れよりの後、威武遍く振ひ、名を中外に馳す。蓋し其の人となりや、性質敏捷、剛直にして私無し。勇力人に過ぎ、局量宏遠なり。故に時人、深く其の驍勇凡ならざるを忌み、交容する能はず。遂に人の讒言して王に愬告する有り。王、之れを賊害せんと欲するも、奈んせん斬誅の罪無し。是れに由りて一日、朝廷に招入し、坐及び茶を賜ふ。時に、童子をして匕首を以て之れを刺さしむ。建極、手に寸鉄無く、但空手を以て童子の両股を折破し、城門を走せ出で、中山坊外に行き至りて斃卒す。時に女君神有り、其の人の罪無くして死するを悲しみ傷み、即ち其の尸骸を収めて葬埋す。而して人、其の尸の在る所を知らず。今、坊外に石を堆みて囲と為す有り。俗伝に京阿波根塚と。或いは亦然らん［球陽研究会編 一九七四：一五九］。

*4 参考までに若干の補足をしておきたい。コラム①に見るとおり、巻藁の「上は拳及び手の各部を、下は足を鍛える」のである［仲宗根 二〇一七（一九三八）：九二］。そのように、伝統的な空手は上下を意識して鍛錬しており、低い位置への攻撃は、基本的に足による蹴りというイメージ

で捉えられるのである。

また、現在の空手家も次のように発言している。蹴りに関して、「以前はへそから上は蹴るな、と言われていました。膝のスナップを利かせて真っ直ぐ蹴んなさいと教わりました。体重を掛けて上ではなく前に蹴るんです」［フル・コム編 二〇〇九：三二一―三二二］。それによれば、やはりへそから下は、足で攻撃するのである。

空手の蹴りの威力は絶大である。流派によって、また時代によって、蹴り方は異なるようであるが、現在の上地流の場合、「腹面深く突き刺さる足先蹴りは、相手の内蔵を破裂させる威力を持っています」［フル・コム編 二〇〇九：五三］とのことである。

＊5 『球陽』には「祝女」が一七ヶ所出てくる。一例を挙げると、『球陽』巻一に、「毎年端午の前一日、那覇・久米村・泊村の爬竜舟三隻、必ず豊見瀬威部前に到り、豊見城祝女恭しく祭品を備へて以て景福を祈る」［球陽研究会編 一九七四：一一〇］と記されている。

ノロを和文で表記するとすれば、そのまま「のろ」で済む。辞令書などはその好例である。しかし、漢字表記となると、音だけでなく、意味も伴うので、そう単純にはいかない。当時でも、ノロの語義は不明だったらしく、ノロの社会的役割に止目し、王府の公的表記として意訳していると思われる。それだと、元々の音とは全く対応しないのであるが、それでも、読み方はノロでなければならないのである。なお、ノロは『琉球国由来記』では「巫」、『琉球国旧記』では「巫女」「覡女」と表記されている。当時から、その漢字表記には頭を悩ませていた様子が窺えるのである。

＊6 『読み下し編』では、次のとおりである。

読谷山郡比謝村に、儀間なる者有り。膂力甚だ大、驍勇絶倫なり。嘗て馬を牧に守る。時に在番使川上右京、其の郡に往きて野猪を猟射す。時に一大野猪有り。箭と刃とを受け、威を振ひ、奮怒して猛然として飛び来る。儀間、空手にて擒住す。旁観する者、皆以て嘆賛す。又、川上、牧に入りて馬を看る。只一牡馬有り。碩大にして高昂、蹄囓踔跳、人に向ひて来る。人皆驚き散ず。川上氏、之れを指して曰く、真に駿馬なり。以て扯き来るべし。而して我に看るを与せと。儀間、往きて之れに近づくに、牡馬愈愈怒気を奮ひ、蹄囓已に極まる。儀間相戦ふこと一刻余許り、趕上して其の馬を握住し、拉して川上の前に至る。川上、其の膂力の絶世なるを褒賞し、竟に右京の号を賜ふ。此れよりの後、筑登之に陞り、歴て黄冠に至る。是れに由りて、之れを称して曰く、右京筑登之親雲上と［球陽研究会編 一九七四：七〇八］。

＊7

『読み下し編』では、次のとおりである。

久志間切天仁屋村比嘉は、天性至孝なり。一日、其の母、偶〻野路に於て、山猪の害する所となる。人聚りて救はんと欲するも、只此の猪、新に金瘡を帯びて、忿怒倍倍猛なるを見る。誰か敢へて之れに近づかんや。時に比嘉、病に臥す。忽ち母の危きを聞き、覚えず一跳して起き、飛歩して来り救ふ。只母有るを知り、身有るを知らず。手に寸鉄無く、直ちに往きて猪を提げ、其の両腿蹄を揪住す。衆人方めて敢へて助け、殺して母を救ふも、母、重傷し遂に死す［球陽研究会編 一九七四：二一四八］。

▼コラム②　**京阿波根實基の逃走経路と塚**

首里城正殿は西向きである。その南西側に南殿があった。それのさらに南西側に鎖之間《さすのま》があり、茶室はその中にあった。そこで童子に刺された實基は、恐らく、守礼門《しゅれいもん》から綾門大道《あやじょうふみち》を通って中山門《ちゅうざんもん》を抜け、そのすぐ南側の免津《めず》良嶽《らだき》に入り、その背後の崖下で絶命したと思われる。

なお、図②は、球陽研究會編『球陽原文編』（一九七四年、角川書店）に添付された「球陽をみるための首里読史地図」の一部を原図として用いている。

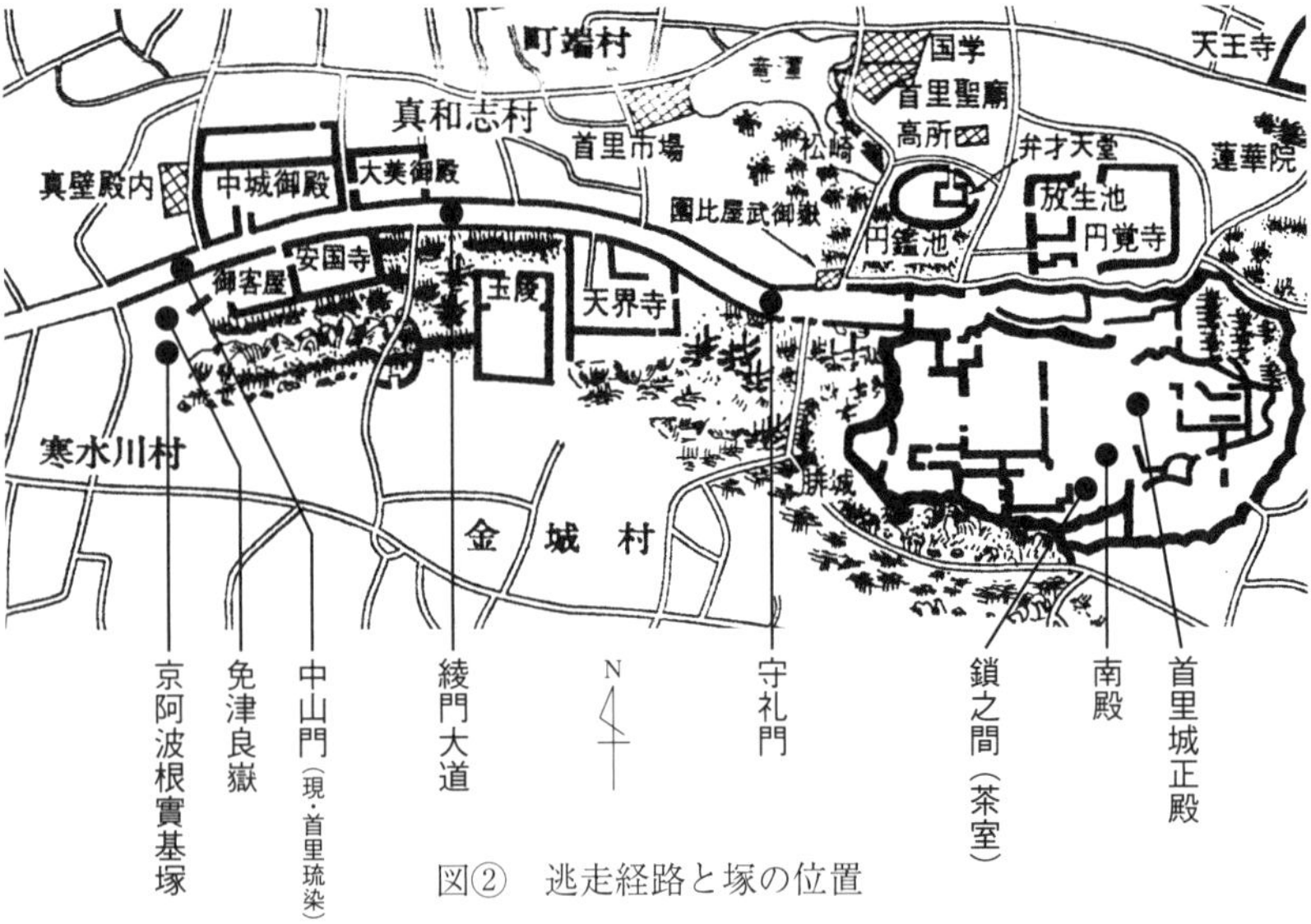

図②　逃走経路と塚の位置

第六章　民俗分類外の諸用語

一　からむとう

これまでの諸研究においては、民俗分類に対応しない「空手」に関連する用語なども扱われている。それらを文献の年代順にざっと挙げると、「ティツクン」（『中山伝信録』一七〇一年）、「組合術」（『大島筆記』一七六三年）、「からむとう」（「阿嘉直識遺言書」一七七八年）、「手ツクミノ術」（『薩遊紀行』一八〇一年）、「拳法術」（『南島雑話』一八五〇―一八五五年ごろ）となる。

それらのうち、「からむとう」の載った「阿嘉直識遺言書」だけは、琉球の士族によって書かれたものである。嘉手苅徹は、それについて丁寧に紹介している〔嘉手苅 二〇一七：五―六〕。関連する部分は、次のとおりである。

「阿嘉直識遺言書」は、一七七八年、那覇の士族の阿嘉親雲上《あかぺーちん》が生前に息子に対して残した遺言書である。それを補うため、五年後にさらに書き足されている。士として身につけるべき学問や嗜《たしな》み、および武術などについて認められている。武術に関しては、「示現流」は琉球では何の役にも立たないにしても、稽古はすべきとし、「からむとう」「やわら」は稽古をするにも及ばないと記している。

東恩納寛惇は、その「からむとう」を語義「不明」とした〔東恩納 一九七八（一九四二）：四三四〕。それに対して、嘉手苅は「中国拳法が琉球化した徒手武芸」と捉え、空手を指示する名称として「琉球人によって初めて名づけられた自称の呼称である」としている〔嘉手苅 二〇一七：六〕。

那覇出身の東恩納が語義不明としており、また私の琉球語の理解としても、そのとおりだと思われる。仮に、琉球語であるとしても、既に述べた『琉球国旧記』の記載に照らせば、それが「初めて名づけられた自称の呼称」とは言えないのである。

「阿嘉直識遺言書」以外は、異国の者の手になる文献である。それぞれの性格に注意しながら、記載された各用語を検討したい。年代順に二つに分けて扱いたい。一方は中国絡みで、もう一方は薩摩絡みである。

二　ティックンと組合術

『中山伝信録』は、尚敬王の冊封のため、一七一九年、清の康熙帝が派遣した使節団の副使、徐葆光《じょほこう》による復命書である。全六巻からなっている。琉球の歴史や地理、風俗習慣や言語など、多岐にわたる報告となっている。

その第六巻目の「琉球語」の件には、「表音に出入りが多いうえ、軽重や清濁があり、そのままの音を伝えることはできなかった」〔原田訳注 一九九九：五四九〕としながらも、「地理」「花木」「鳥獣」などのように項目を分けて、多数の琉球語の単語を記録している。

その「人事」の項目には、人の動作その他に関する六十余の単語が記されている。その中の一つに「拳頭打〈蹄子烘〉」がある。田名真之は、「拳頭打」（こぶしで打つ、突く）は琉球語では「蹄子烘（ティックン）」という、と説明している〔田名 二〇一九〕。また、原田禹雄は、「拳頭打〈蹄子烘〉」に註を付け、「拳骨ゲンコツをティージクン、チクブシといい」云々としている［原田訳注　一九九九：五五九］。

今日の琉球語としては、ティージクンとなるであろうが、当時の音にどちらがより近いかは、私では判断がつかない。よって、便宜上のこととして、「ティックン」にまとめて用いることにしたい。

その「ティックン」は、武術としての「ティー（手）」そのものを指示する言葉を挙げているわけではなく、あくまでも中国語の「拳頭打」を意味する単語を記しているだけである。従って、そこから「空手」に関するそれ以上の情報を引き出すことはできないものの、通訳を介しての聞き取り調査という点に関して、少し想像たくましく拘ってみたい。

上記のとおり、徐葆光は尚敬王の冊封のため、康熙帝が派遣した使節団の副使として来琉した。その冊封の儀礼において、中国人で琉球語を解する通訳（土通事）二人が如何に重要な役割を担っているかについては、西里喜行の説明でよく分かる。「儀式の進行係であると同時に世子以下の案内役・先導役のような役割を果たしている」のである［西里　一九九七：六五］。

しかし、『中山伝信録』では、琉球の歴史や地理だけでなく、風俗習慣や言語など多岐にわたる報告がなされているにも拘わらず、冊封儀礼以外での通訳に関しては、知ることが出来ない。また、ここで問題となる「ティックン」についても、琉球の中のどこで聞き取り調査を行ったかも知ることが出来ない。

後述するように、「ティックン」は「ティー(手)」の身体技法の中でも、伝聞情報としては最も目立つものである。もしも、その当時、琉球に「トーディー(唐手)」があれば、「ティックン」という言葉が口から出た途端、中国から来琉した偉い客人に対して、実は貴国から伝来した武術が琉球では行われています、と相手の関心を引くべく、得意満面になって、長話をしていてもおかしくはないのである。ところが、せっかくの「ティックン」の話題にも拘わらず、その様子は微塵も感じられないのである。

そのような理解の仕方は、書かれていないことに対する深読みのし過ぎかも知れない。とは言え、既に明らかにしたとおり、「唐手」が明確に現れる最古の年代は、一八四六年で、尚育王の下で王朝時代最後となる首里城正殿の改築が行われ、その落成祝いの芸能や演技の一つとしてである、という事実とは整合性があるのである。『中山伝信録』の「ティックン」は、広い意味で「空手」に関連する用語であるとしても、一八四六年以前に「唐手」があったことを示す資料ではないし、またそのような主張もないのである。

さて、第二章で述べたとおり、一七六三年、土佐藩の儒学者、戸部《とべ》良熙《よしひろ》によって書かれた『大島筆記』に「組合術」が登場する。戸部は、首里の役人、潮平《しおひら》から公相君《こうしゃんきん》の武術の話を聞き、それは『武備志』の拳法と思われると理解しつつ、その武術の名称として「組合術」と記しているのである。つまり、伝聞情報として知り得た中国武術の記述に際して、戸部が用いた名称が「組合術」ということなのである。『大島筆記』には「かなり見当違いの記述や推測も散見される」〔比嘉・新里 一九六八：三四六〕との指摘もあり、それ以上の情報、すなわち沖縄固有の「空手」の名称まで、そこに求めることには無理があるのである。

三　手ツコミノ術と拳法術

『薩遊紀行』には、一八〇一年、肥後藩士（氏名不詳）が旅に出て、那覇の薩摩藩奉行所に三年間の勤務を二度経験した水原熊次郎という薩摩藩士から聞いた「空手」の話が載っている〔小野・漢那他 二〇〇六：二三二〕。それによれば、琉球では剣術ややわらの稽古は手ぬるいが、ただ「突手」はすばらしい。その様は、「拳」をもって何でも「突破り」、あるいは「突殺す」。名づけて「手ツコミ」という。その「手ツコミノ術」をなす者を奉行所に呼んで、七枚重ねの瓦を突かせたら、六枚まで割れた〔小野・漢那他 二〇〇六：二三二〕。

肥後藩士に話をした薩摩藩士は、那覇の奉行所に勤めた人物であるにも拘わらず、「空手」

の名称を「手ツコミ」とか「手ツコミノ術」とかしているのは、言葉の壁を前提にしたコミユニケーションのあり方からすれば、なかなか面白いところである。「手ツコミ」は、その所作からすれば、本部朝基が説明している琉球の拳骨、すなわち「テージクン」に間違いないであろう〔本部 二〇〇七（一九三二）：一三〕。より正確な発音は、「ティージクン（握り拳）」となるであろう。拳による破壊力の凄さに目を奪われ、拳を指す言葉を「空手」そのものの名称と誤解したようである。

いわゆる『南島雑話』は、一八五〇年から一八五五年まで、奄美大島で配流の身を送っていた薩摩藩士、名越左源太《なごやさげんた》による島の生活や自然に関する記述である*1〔国分 一九八四：二三四〕。幾つかの『南島雑話』が刊行されているが、永井竜一編『南島雑話補遺篇』〔永井編 一九三三〕には、「空手」の練習をする二人の人物が描かれている。それには、「拳法術」「ツクテス」「トックロウ」などの説明の語句も書き添えられている（図③参照）。「トックロウ」は語義不明であるが、「ツクテス」は多分に「突く手す」の意で、拳で突く修練の所作を捉えた説明であると思われる*2。

ただし、それは名越左源太が配流されていた頃に、奄美大島に「空手」があったことを意味するものではない。岩井虎珀は、その図にわざわざ説明書きを付記している。それと重複

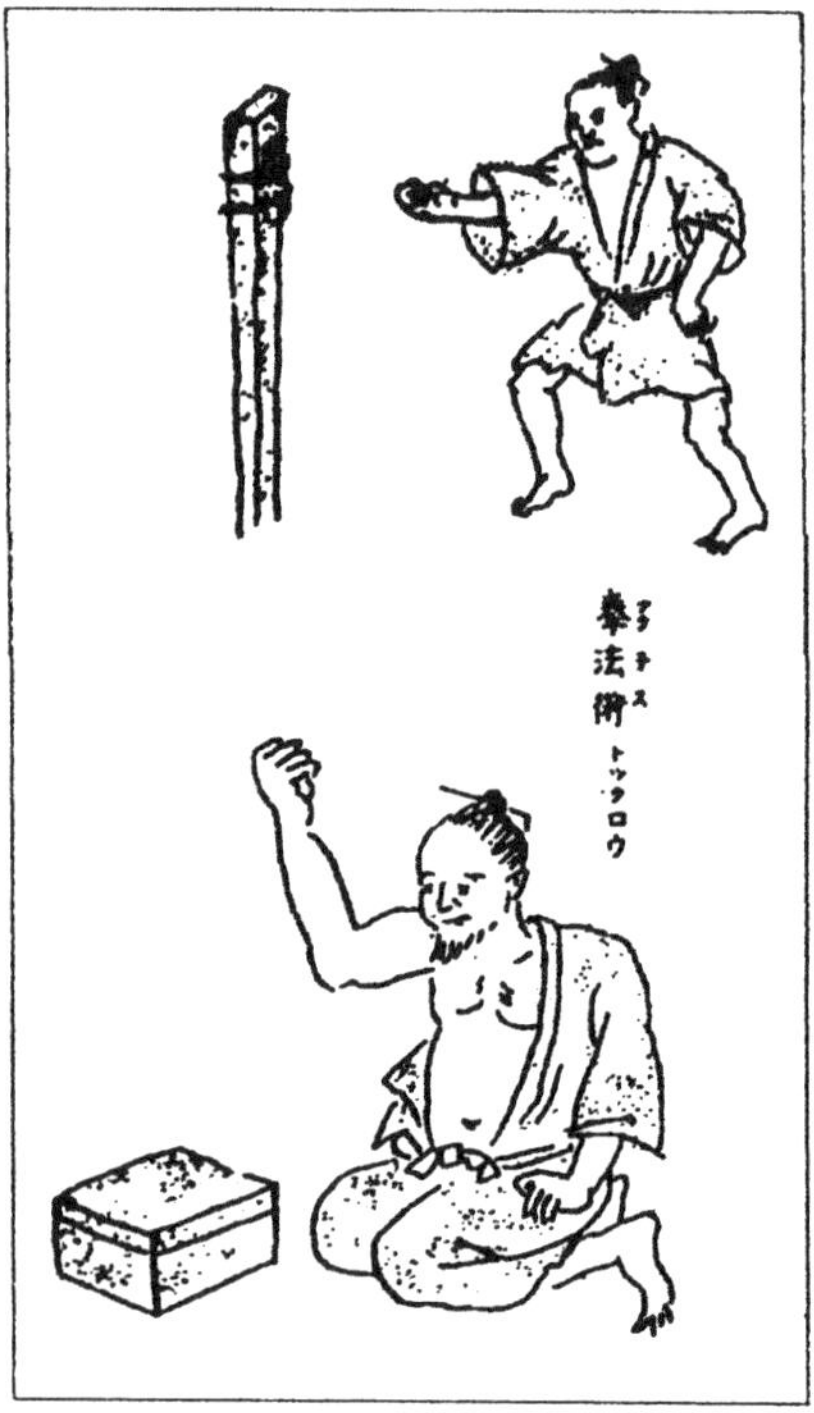

江戸時代に嵐に会い漂流難破し大島に流れついた琉球船の乗組員の話を聞書きした「南海雑話」に著された琉球拳法の図（永井竜一・南海雑話補遺編「名越左源太の南海雑話の写図」、国会図書館蔵より）。

図③　拳法術［岩井　二〇〇七：九七］

するが、極めて重要な点なので、念のため確認すると、「江戸時代に嵐に会い漂流難破し大島に流れついた琉球船の乗組員の話を聞書きした『南海雑話』に著された琉球拳法の図（永井竜一・南海雑話補遺編『名越左源太の南海雑話の写図』、国会図書館蔵より）[*3]」としている［岩井　二〇〇七：九七］。

そう言われてみると、確かに図③中の巻藁の形はおかしい。巻藁は、コラム①に見るとおり、地中に埋まっている部分が太く、地上の部分は上になるほど細くなる。本部朝基も、下端が二寸五分で、上端が五分としている〔本部　二〇〇七（一九三二）：一五〕。ところが、その絵では、逆に上になるほど太くなっているのである。「空手」を知らず、琉球語を解しない筆者による聞き書きの証左になるであろう。

要するに、当時の奄美大島にそれがあった訳ではないのである。伊波普猷が「古琉球の武備を考察して『からて』の発達に及ぶ」と題する論文で、「からて」は沖縄では一般的に普及しているが、奄美ではそうでないとしたのは〔伊波　一九七四（一九三三）：二一二頁〕、妥当な見方だったのである。[*4]

四　民俗分類との違い

「からむとう」は近世期の那覇の役人によって書き記された武術名とは思われる。しかし、語義不明である。文化としての空手は、土地の人々であれば、ほとんどの者が当たり前のように知っているものであって、名称自体が語義不明の特殊なものではないはずである。

「からむとう」以外は、言語の壁を挟んでの情報、すなわち通訳を介するか、あるいは伝聞による情報である。それらに共通する特徴的な点は、「空手」を指示する用語そのものではなく、視覚的に把握可能な一部の身体技法に関する言葉となっていることである。恐らく、『中山伝信録』の「ティックン」、『薩遊紀行』の「手ツクミノ術」、『南島雑話』の「ツクテス」などは、全て「ティージクン（握り拳）」に対する聞き手側なりの表記の仕方を反映していると思われる。

『大島筆記』の「組合術」は、またそれらとも異なる。空手そのものではなく、琉球の役人が目撃した公相君の拳法について、土佐の役人に説明しているのである。それでもって、古く「からて」を「組合術」と言ったとする主張は、土地の言語に沿いつつ一定の文化論的な手順を経て得られる空手の名称からは、丸っきりかけ離れているのである。

既述のとおり、余所者の伝聞情報による諸用語は、土地の人びとの人口に膾炙し、一定の区分基準ごとにまとまりをなす民俗分類の諸用語とは区別されるべきである。文化の情報として伝える内容が質的に異なるのであり、両者を一緒くたにしてはいけないのである。

＊1　河津梨絵によれば、『南島雑話』の一部は名越左源太によるものではなく、その背景はかなり複雑である［河津 二〇〇四］。ここでは、なるべく分かり易く「いわゆる『南島雑話』」とし、国分

の解説によっている。

＊2　公刊されている『南島雑話』のうち、宮本他編［一九六八］には、「空手」に関する記事は全くなく、国分他校注には図③中の下の図と「拳法術」「ツクテス」「トックロウ」などの文字が記されている［国分他校注　一九八四：九六］。しかし、図③の上の図は記載されていない。

＊3　「南海雑話」は「南島雑話」、「補遺編」は「補遺篇」の誤植であろう。残念ながら、私は国会図書館蔵の書をいまだ確かめることが出来ていない。

＊4　参考までに記すと、伊波普猷は、図③に関して、次のように述べている。「嘉永の頃薩摩の藩士名越左源太の手になった『南島雑話』中に拳法術《ツクネス》といって、巻藁《マキワラ》をつく絵が出ているが、後世商人達が習って来て、やっていたもので、一般には流行らなかったらしい」［伊波　一九七四（一九三三）：一二二頁］。

伊波のいう「後世」とは、「慶長以後」すなわち薩摩による奄美諸島直接支配以後の意である。その説明は、「琉球船の乗組員の話を聞書きした」とする説明書きとは異なる。典拠を示している方が正しいということになるであろう。

第七章　空手史の基本形

一　無記載の記載

固有語の「ティー（手）」から出発し、それが下位区分される民俗分類を踏まえ、一体どの用語が、どの時代の、どの文献に記載されているのかを見てきた。その結果、民俗分類の諸用語のうち、文献に現れるのはただの二つ、「カラディー（空手）」と「トーディー（唐手）」だけということが判明した。

翻って、文献に現れない諸用語は、空手の歴史について何も語れないことになるのであろうか、と改めて問うと、それらの中にも、文献に現れる諸用語と同等の扱いをしなければばいけないものが含まれている。本書における最後のステップとして、その点を明らかにした上で、「空手史の基本形」を描くことにしたい。

さて、民俗分類に用いられる諸用語は、一つ一つが無関係にバラバラにあるわけではなく、特定の基準によって区分される用語同士が一つのまとまりをなしている。つまり、一つの用語だけでは意味上の存在理由がなく、必ず複数の用語が対をなしながら、一つのまとまりを形成しているのである。

その点に止目すると、ひとまとまりの用語のうち、どれか一つでも文献に記載されておれば、それと対をなす用語は記載されていなくても、意味上は同時に並存している場合がありうる、と考えられる。言わば、無記載の記載である。その理解の下に、どれがそれに当てはまるのか、あるいは当てはまらないのか、民俗分類の全ての用語をもう一度検討したい。

まず、空手を指示する固有語の「ティー(手)」は、それそのものとしては文献に現れない。しかし、それの一面すなわち何も手にしていない状態を強調する「カラディー(空手)」は、一五〇〇年代の出来事として記録に登場する。既述のとおり、「ティー(手)」があれば、「カラディー(空手)」があることにはならないが、「カラディー(空手)」があれば、同時にそこに「ティー(手)」があることになる。そのように、字面上は表に出てこない無記載の記載として、

「ティー（手）」は文献上に現れるのである。

空手を指示する固有語が「ティー（手）」であることは、研究史においても早くから周知の事実であった。にもかかわらず、それを文献資料の上で確認することは、これまでの研究で全く出来ていない。その理由は、「ティー（手）」が無記載の記載だからである。つまり、『琉球国旧記』や『球陽』の「空手」を「カラディー」と読んだ上で、そこには造語法上の当然の論理として、「ティー（手）」も含まれている、あるいは併存しているとの理解に至る必要があったのである。[*1]

次に、「トーディー（唐手）」は、一八〇〇年代の記録に登場するのに対して、「ウチナーディー（沖縄手）」は、まったく現れない。とは言え、「トーディー（唐手）」は何に対して「トーディー（唐手）」なのかというと、「ウチナーディー（沖縄手）」に対して「トーディー（唐手）」なのである。二つは同時にあってこそ意味があるのであり、記録はされていなくても、意味上は、無記載の記載として、「ウチナーディー（沖縄手）」もそこに並存するのである。

なぜ、「トーディー（唐手）」は記録に現れ、「ウチナーディー（沖縄手）」は現れないのであろうか。その理由は、船越の指摘する「支那崇拝熱」や「ウチナーディーよりは一段格式が高い」とされていた口頭伝承などから、ある程度は察せられるであろうが、後述する「トーディー（唐手）」の公然たる演技化を看過してはならないであろう。

さらに、「ボートーディー（棒唐手）」と「エークディー（櫂手）」のうち、「エークディー（櫂手）」は文献に現れない。「ボートーディー（棒唐手）」の方は、そっくりそのままではないが、名称的に近い、あるいは同一かも知れない、「棒並唐手」として記載されている。ならば、「エークディー（櫂手）」は、無記載の記載として同時にあると見なしうるかとなると、必ずしもそうはいかない。

上記の二つの分類、すなわち強調分類と国際分類とは違い、この武具分類の方は、既述のとおり、私が文献から拾い出したもので、聞き取り調査から得られたわけではないので、区分の基準となる武具の組み合わせに必然性があるか否かは不明なのである。考えようによっては、「棒」と「櫂」でなくとも、他の武具でも良さそうなのである。そのような可能性のある点が、例えば、「トーディー（唐手）」と言えば、対になるのは、「ウチナーディー（沖縄手）」しかあり得ない分類とは異なるのである。

武具武術は、「ティー（手）」の民俗分類の側からは、必ずしもうまく把握し得ず、「カマヌティー（鎌の手）」のような参考程度の用語まで広げて、取り上げざるを得ないという限界もある。ただ、怪我の功名の類いで、一応民俗分類に入れてみた結果として一つ言えることがある。武具を用いる武術と「唐手」とは深い関係にあることである。[*2] 一八六七年の尚泰王の祝宴での武芸の演目だと、武具武術に囲まれた「唐手」の観を呈しているのである。

不思議なことに、地域分類の諸用語は、文献にまったく現れない。そのため、「ティー(手)」の流れとして、強調分類や国際分類などと関連づけて捉えられないのである。国際分類などよりも遥かに人口に膾炙していると思われるだけに、そしてまた、沖縄における「ティー(手)」の中心地に関することだけに、首を傾げざるを得ないのである。[*3]

しかし、考えようによっては、それはごく当たり前の状況を反映しているだけのことかもれない。「ティー(手)」は、もともと秘伝の武術であり、公にはされない性格のものであった、とされている。[*4] その点を考慮すると、京阿波根實基や右京筑登之親雲上のような例は、普通は起こりえない特別な出来事として文献に現れたのであり、その反対に、記録としては現れない方がごく当たり前の状況ということにもなるのである。そうすると、「スイディー(首里手)」や「ナーファディー(那覇手)」などが文献に現れない理由を追うよりも、逆に、「トーディー(唐手)」が公然と文献に現れる理由を追求していかねばならないことになるのである。

二　空手史の基本形

「トーディー(唐手)」の公然たる一面も含めて、文献に現れる空手の初出や中国武術の影響、およびそれらと武術名との関係など、「基本形の時代」の骨子をなす諸事項について、空手史における意義を考えながら整理することにしたい。

第一に、初出を取り上げよう。「空手」の初出は、『琉球国旧記』の「カラディー(空手)」である。それによれば、匕首で刺されながらも、相手の両股を折破するほどの威力を有する「カラディー(空手)」が、中国武術の影響を受ける以前にあったのである。空手が沖縄固有の武術であることを、明快に指し示す文献上の証左がここにあるのである。それによって、「ティー(手)」の歴史に関する三つの重要な側面が明らかになる。

その一つは、「ティー(手)」は尚真王在位の嘉靖年間(一五二二―一五二七年)に既にあったのであり、その起源はさらにそれ以前に想定されることである。つまり、「ティー(手)」は、少なくとも、約五〇〇年ほどの歴史は確実に有しているのである。また、それが確認されるということは、起源としてはさらにそれ以前に遡るであろう、との推定を可能にするのである。

もう一つは、京阿波根實基が歴史に現れる最初の「ティー(手)」の使い手という点である。實基は、「ティー(手)」の創始者とは見なし得ないが、その使い手として、歴史上知りうる最初の人物であることは間違いないのである。言うなれば、「ティー(手)」の始祖ではないが、史祖ではあるのである。通例、史祖ともなれば、それなりの敬意が払われて然るべきであるが、遺憾ながら、今日までその認識がなかったのである。安里安恒《あさとあんこう》(一八二七—一九〇三、または一九二八—一九〇六)が、「沖縄もずっと大昔は京阿波根親方とか」の「知名の武士」がいた、と大正時代に指摘しているにも拘わらず、である〔安里談・松濤筆 一九一四〕。それは今日の空手界のあり方とも関連する重要な問題であるが、煩雑になるので、次章で詳しく取り上げることにしたい。

さらにもう一つは、固有語の名称が一貫している点である。既述のとおり、今日でも「ティー」はウチナーグチ、「からて」はヤマトゥグチなのである。五〇〇年ほどの時間を飛び越えて、固有語の名称が用いられ続けていることに、文化の一貫した継続性が見て取れるのである。

第二に、中国武術の影響を見よう。「トーディー(唐手)」は、一七〇〇年代以前の文献には登場せず、一八〇〇年代の中葉に公然と姿を現す。その事実は、「ティー（手）」の歴史における二つの重要な側面を物語っている。

その一つは、「ティー（手）」に中国武術の影響がハッキリと認められるのは、さほど古い時代のことではなく、近世末期、一九世紀に至ってのことである、という点である。従来の中国伝来説と較べると、意外なほど新しいのであるが、それが記録や文献における事実なのである。驚くべきことに、それは安里安恒の「唐手」に対する見方と見事に符合するのである。安里は船越義珍に対して、「唐手[*5]という名が判然と世の中に知れ渡るようになったのは」、一八〇〇年代に武名を馳せた「赤田の唐手《とーでー》佐久川《さくがは》からである」と説明しているのである〔安里談・松濤筆 一九一四〕。また、船越義珍が「近世支那崇拝熱の高い時代に、数多の武人が支那と往来して」云々と指摘していることとも大方符合するのである。

もう一つは、もともと公にされない秘伝の武術とされていた「ティー（手）」が、「トーディー（唐手）」によって、その性格を変えた点である。個人の秘技から公開される演技へと変化したのである。その場は、王城の改修祝いや冊封儀礼といった国家的な慶事であった。その公然たる演技という側面を併せ持つようになった「トーディー（唐手）」は、中国という国際的権威を背景に、一九世紀に隆盛を誇った。そこから、武術の演技化としての舞方[*6]が現れたと考えられる。また、学校教育への導入を円滑にした要因にもなったと思われるのである。

第三に、上記の点と武術名の関係に関して見たい。今日では全国的に一般的になった「空手」の前に、「唐手」があった。その変更には、「ティー（手）」の歴史的背景も絡んでいた、と捉えるべきであろう。

「唐手」は、「トーディー（唐手）」由来の名称で、表記された漢字を「からて」に読み変えたのである。それに対して、「空手」は、「カラディー（空手）」由来で、当てられた漢字を同じく「からて」に読み変えたのである。皮肉なことに、新しい方が由来する名称は古いのである。言わば、原点回帰の変更だった訳である。

何故そうなったのか。恐らく、近世末期から近代初期にかけて、中国という国際的権威を背景に隆盛を誇り、公然と演技化までされた「トーディー（唐手）」に対する、「ウチナーディー（沖縄手）」の側の反撃であり、「トーディー（唐手）」も「ウチナーディー（沖縄手）」も包含する「ティー（手）」の強調形、すなわち「カラディー（空手）」への原点回帰だった、と私は理解しているのである。それが昭和初期の社会的雰囲気の中で次第に受け入れられていったのである。[*7]

要するに、一六世紀には「ティー（手）」あるいは「カラディー（空手）」と称される固有の武術があり、一九世紀に中国武術の影響を受けた方は「トーディー（唐手）」と称され、従前のままの方は「ウチナーディー（沖縄手）」と区分され、明治三〇年代に国際的な権威が強調されて唐手（カラテ）という全国的な名称を一旦は名乗ったが、昭和初期に固有性が強調され直され、空手（カラテ）という今日的な名称となった。そのように、一本の線として繋がっているのが、空手史における「基本形の時代」なのである。

空手を文化の変遷過程として捉えるとなると、より厚みのある形で理解した方が望ましいであろう。最後に、「基本形の時代」を結びつける一本の線に、「ティー（手）」という固有名、巻藁を用いる鍛錬法、先手なしの精神性を加えてみたい。

糸洲安恒と船越義珍に典型的に窺えるように、「トーディー（唐手）」であろうが、また「ウチナーディー（沖縄手）」であろうが、それら三つの要素は共有されている。「トー（唐）」や「ウチナー（沖縄）」といった異なる修飾語が付いても、「ティー（手）」は基幹で動かないのであり、巻藁はともかく始めにありきなのであり、精神性は先手なしが遵守されねばならないのである。どちらか一方だけに、一部が偏っているわけではなく、全てが一揃いで共有されているのである。

「トーディー（唐手）」とか「ウチナーディー（沖縄手）」とか、「ティー（手）」を下位区分し、分類する以上、何らかの身体技法的な相違点はあるはずである。それにも拘わらず、一揃いの共通点があると言うことは、それを前提にして、相違点を認め合っていることになる。それを時間軸上の前後関係に乗せると、先行するのは共通点で、そこに相違点が組み込まれた、と考えられるのである。つまり、名称も鍛錬法も精神性も沖縄固有で、中国武術の影響を受ける以前の「ティー（手）」に備わっていた、と見ることが可能なのである。

「トーディー（唐手）」と「ウチナーディー（沖縄手）」がどのような身体技法の違いを有していたのか、また「トーディー（唐手）」と「ナーファデー（那覇手）」はどのような歴史的な関係にあるのか、といった点は、文献上では正確には知り得ない。ただ、第四章で触れたとおり、筋肉の鍛錬法や呼吸法は、「ナーファディー（那覇手）」と「スイディー（首里手）」では違いがあり、また一概には言えないにしても、拳と貫手の強調の度合いも異なるようである。大まかな捉え方をすれば、それらの相違点は「トーディー（唐手）」の影響によってもたらされ、沖縄の空手を幅広く、豊かにした、と考えられるのである。

つまり、名称も鍛錬法も精神性も沖縄固有の文化的枠組みとして、中国武術の影響を受ける以前に成立し、それでもって中国武術を受容することによって、従前とは異なる変化も起きた。「基本形の時代」における空手の共通点と相違点は、そのような変遷を経たものとして理解可能である。文化論的な一定の手順を経て得られた文献上の時間的な深みに、さらにそれらを加えて把握すれば、「基本形の時代」における文化としての空手の大まかな変遷過程が浮かび上がってくるのである。

改めて振り返ると、固有の武術は、外来の要素を取り入れ、変化させながら、並存させた。新しいもの、権威あるものに取って代わられたわけではなく、元々の武術もそれなりに継続させたのである。それは大和相撲と沖縄相撲が並存する、今日の沖縄の相撲界とも一脈通ずるものがある。

今後扱う課題となるが、「多様化の時代」においても、異文化としての空手の、ブーメラン的な逆伝播への対応の仕方は、基本的には同様の姿勢が貫かれるであろう。大なり、小なり、調整しつつ、新たな波に対処していくことになるであろう。

「多様化の時代」における空手が、世界各地で、様々に変化すればするほど、「基本形の時代」は、ルーツを振り返るための共通の歴史として、ますます衆目を集めることになるであろう。その歴史や文化をどのように発信していくのか、それが発祥地に問われることになるのである。

＊1　かつて、柳田國男は沖縄の「郷土研究」に関して、「内地の篤学も後には二、三これに参加したけれども、事情が特別であり、用語がはなはだしく異なっているために、主として働く者は土地に生まれた人でなければならなかった」とし、「それが多くの場合には精確を期し得る唯一の手段であったのである」と述べたことがある［柳田　一九六七：七九］。確かに、一般的に柳田の指摘どおりであるが、無記載の記載ともなると、ネイティヴ・スピーカーであっても、自らの言語状況を再考してみる必要があると思われる。

＊2　武具を用いる武術は、文献上の用語と民俗分類の用語がぴったりと合うわけではないが、ほぼ同じと思われるものも、あることはあるのである。しかし、記録上は「鉄尺並棒」や「籐牌並棒」あるいは「車棒」のように、武具だけでその武術そのものを表している例が見受けられる。また、『沖縄空手古武道事典』で取り上げられている古武道の、例えば「鎌術」のような、「〇〇術」という名称は、研究者や行政によって用いられているものの、普通に人々の間で口にされているのは、ヌンチャクとか、二丁鎌のように、武具が武術名にもなっていて、「術」は付かないのである。従って、古武道に関しては、「〇〇ディー（手）」のような民俗分類や「〇〇術」のような名称に必ずしも拘ることなく、伝承どおりに直接武具名から出発するのも、一つの方法として良いのかもしれない。

なお、唐手と武具武術は関係が深いというのは、必ずしも武具武術がその時代から始まったと主張しているわけではない。例えば、『球陽』の尚寧王二六（一六一四）年には、既に「棒」の記述がある。

「二十六年、欽徳基、異人自了を生む。」と題し、「啞」で生まれた自了の才能について触れた後、「棒」の話も記されているのである。『読み下し編』では、次のとおり。「其の兄、鎗棒の法を学ぶ。自了旁より窃ひ観、尽く其の妙を得たり。後、兄、庭中に於て其の技を試むるに、自了之れを見て冷然として笑ふ。兄、怒りて曰く、汝、我を以て破綻する処有りとするや、或いは、汝、之を能くするやと。自了棒を持して庭に下り、盤旋飛舞し、勢、矯矢游竜の如く、操縦すること法の如くなざらるは靡し。其の兄、始めて愧ぢ服し、敢えて言はず。」［球陽研究会編 一九七四：一七六］。

要するに、「啞《おし》」で生まれた自了が兄の「鎗棒の法」の練習を盗み見ただけで、奥義を会得した。後に、兄の技をせせら笑ったので、兄にお前は出来るのかと聞かれ、「棒を持して」庭に下りて、「法の如く」操縦したので、兄は黙ってしまった、という話である。

それを考慮すると、恐らく、武具ごとに時代的な背景は異なると思われる。その点は認めつつ、また「唐手」と武具武術の関係の深さも認めざるを得ないのである。

＊3 「沖縄に伝わる空手には数多くの流派があるが、その源流は首里手、那覇手、泊手である。戦前（一九三〇年代）に、那覇手は『剛柔流』、首里手は『小林流』と流派名を名乗るようになり、戦後になって泊手を含む首里系の流派として『剛泊流』、『松林流』、『少林流』が名乗りをあげた」ことは明らかになっている［フル・コム編 二〇〇九：四〇］。それにも拘わらず、それ以前のこととなると、少なくとも今回取り上げた諸文献には登場しないため、まったく分からないのである。従って、「那覇手」「首里手」と「トーディー（唐手）」「ウチナーディー（沖縄手）」との関係も文

献上で明らかにすることが出来ないのである。その点に関して、今後どのような解決法が可能なのか、その切り口を模索していきたい、と思っている。

＊4　実際は一八六八（明治元）年生まれで、戸籍上は一八七〇（明治三）年生まれの船越義珍は、「明治御維新後、私達の少年時代でさえ公然と習うことができなかったという事実は、その間の消息をよく物語っているようである」と述べている［船越 一九七六（一九五六）：九三］。その後は次第に世に知られるようになり、明治三〇年代の学校教育への導入が、公然と広く普及していく決定的な要因になったのである。

ちなみに、現在知られている限りでは、最も遅くまで秘伝を守ったのは劉衛流のようである。劉衛流の道場、羽地龍鳳館のホームページで紹介されている「劉衛流の歴史」（http://www.haneji.sakura.ne.jp/history.html）によれば、一子相伝の秘技を公開したのは、一九七〇年代初期のことである。ただし、それが最後の秘技の公開とは必ずしも言えないようである。今日でも「〇〇ディー」と称して、門外不出の技法が継承されているらしいということを、私自身が耳にしている。また、流派によっては、特定の型だけを秘技として、公開していないこともあるようである。

＊5　新聞では「からて」と仮名が振られているが、文脈から判断して、「とーでー」の間違いであろう。

＊6　舞方（メーカタ）とは、集団的な遊びや年中行事の余興、祝座などで、歌三味線に合わせて即興的に踊る武芸踊りのことである。高宮城繁は、次のように説明している。「舞方の起源は不明である。空手以前の沖縄の護身術〝手《てぃー》〟を歌舞音曲にのせて集大成したものだという人もいるが、詳《つまび》

らかではない。それは（中略）居住人（都落ちした武士）の集落（屋取《やーどぅい》）に伝わる武芸踊りだと考えられている。首里《しゅり》から地方下りした士族の間で愛好されたもので、彼らが身に修めた武芸を舞踊化し、それを地方に伝播したものだという。緩急自在な動き、力学的強弱の表出などを考えながら、空手の基本技を各人各様に振り付けたものである」［高宮城 二〇〇八a：八九］。その武芸の「舞踊化」は、「トーディー（唐手）」による公然たる武術の演技化が、歴史的な背景としてあるものと思われるのである。

＊7

その名称の変更は、琉球王国の末期から沖縄県の誕生、およびその後の国策などとも絡む問題であり、複雑な時代背景と関連づけて捉える必要がある。ただし、それは「基本形の時代」を越えて、「多様化の時代」まで継続するので、稿を改めて扱うこととしたい。

ちなみに、「唐手を『空手』とすることが一般的になったのは、一九三五年頃からである。その頃から著作にも『空手』が出現する（中略）が、『拳法唐手』、『唐手術』等の言い方もまだあり、一九四五年以前には統一した呼称とはならなかった」のである［ソリドワール・魚住 二〇一〇：一八四］。つまり、船越などによる名称の変更が行われたにも拘わらず、「空手」が統一した呼称になったのは、戦後のことなのである。

そのため、一九三二（昭和七）年の『大言海』では、「からて（名）—空手—［空身ナド、同趣］手ニ、物持タヌコト。素手。テブラ。」とし、「カラて（名）—唐手—［支那ヨリ傳ヘタルモノ］沖縄ノ武術。（中略）拳法ノ類。」と説明している。

第八章　今日的な問題点

一　残された問題点

前章までで、空手の「基本形の時代」における重要事項を文献上で確認するという、本書の所期の目的は達せられたことになる。その過程で、二点ほどについて、論の展開を煩雑にしないため、改めて第八章で取り上げるとした。

その一つは、第五章において、京阿波根實基《きょうあはごんじっき》に関する記録が疑う余地のない史実で、實基も実在した人物であることを、章を改めて取り上げるとした点である。ここでは、「ティー(手)」に関する民俗分類から離れて、別の視角すなわち民俗宗教や社会組織の側から實基の塚や人物について捉え直してみたい。

まず、『琉球国由来記』巻五の「真和志森」の条に、「この嶽は、中山門坊外にある。俗伝では、虞姓京阿波根親雲上實基塚と云う。詳しくは分からない」［外間・波照間編 一九九七：一四三］とする記述の「この嶽」に注目したい。「嶽」は村落の御嶽のように、普通の場所ではなく、聖地に用いられるので、京阿波根塚の聖地としての性格について検討してみたい。その後で、京阿波根實基の子孫達によって建立された墓碑の内容について見ることにしたい。

もう一つは、第七章で述べたとおり、京阿波根實基が歴史に現れる最初の「ティー（手）」の使い手という点に関してである。歴史上知りうる最初の人物は、「ティー（手）」の始祖ではないが、史祖ではある。通例、史祖ともなれば、それなりの敬意が払われて然るべきであるが、遺憾ながら、今日までその認識がなかった。その点に関して、今日的な意義を考えてみたい。

それらの残された問題点は、いずれも「基本形の時代」と現在とを結びつける今日的な問題点である。その意味で、敢えて本書の最後の章として、一まとめにして付け加える形にしたいのである。

二　京阿波根實基塚の性格

第五章で見たとおり、『琉球国由来記』では何の説明もされていない京阿波根實基塚に対して、『琉球国旧記』と『球陽』ではその由来譚を加えているために、尚真王の嘉靖年間（一五二二―一五二七年）に、京阿波根實基という「ティー（手）」の使い手のいたことが確認されるのである。また、それによって、京阿波根實基は歴史上知ることの出来る最初の空手家としての位置づけが可能となるのである。

それを踏まえた上で、さらに注目したいのは、京阿波根塚が今日でも実在するという事実である。史上最初の空手家は、いったい、どのような墓に、どのように葬られているのであろうか。そして、それを今日的な問題として、どのように捉えれば良いのであろうかという点に関して若干記しておきたい。

まず、文献上ではなく、伝承として、京阿波根實基はどのように語られているかを見よう。その点に関して、既に触れた一九一四（大正三）年一月一七日の『琉球新報』の記事、すなわち安里安恒談・松濤筆「沖縄の武技」は、なかなか興味深いものとなっている。

船越義珍の師で、琉球王国時代の末期から明治にかけての「スイディー（首里手）」の大家とされる安里安恒は、次のように発言している。「沖縄もずっと大昔は京阿波根親方とか浦添真山とか謝辺親方（今の赤平の具志川の元祖）とかいうような歴々たる知名の武士が出られてその範を示されたが、唐手という名が判然と世の中に知れ渡るようになったのは赤田の唐手佐久川からである」。

その中では、「武士」とか、「唐手」などの言葉は用いられているものの、「空手」は用いられていない。つまり、『琉球国旧記』や『球陽』の「空手」に関する知識に基づくのではなく、伝え聞いている「大昔」の「武士」の一人として、しかもその筆頭として、京阿波根實基を挙げているのである。安里安恒をして、そのように語らしめるほど、名を轟かせた「武士」が京阿波根實基であり、彼の葬られている場所が京阿波根實基塚なのである。

東恩納寛惇は、その塚について「美連嶽の西に隣り、石垣を以て囲み、一見一里塚とも見える小丘であるが、俗に京阿波根塚と呼ばれている。又真和志森とも称する」としている［東恩納 一九五〇：一〇五］。換言すると、位置は美連嶽《めづらだけ》という聖地の隣り、形状は石囲いの小丘状、名称は京阿波根塚あるいは真和志森《まわしもり》となる。

コラム②に示したとおり、綾門大道の西の端にかつては中山門があった。現在では、そこのすぐ北側に染色工房の「首里琉染」がある（図④参照）。道路を隔てて、その斜向かいに美連嶽がある。東恩納によれば、「中山門の南側、路傍にある小丘で、真壁殿内管内拝所の一で、又兊津良嶽に作り、由来記に『メヅラダケ』に作る、俗には『ミンチラオタキ』と称す」としている〔東恩納 一九五〇：一〇四〕。

塚の位置と形状に関して、原田禹雄は、「美連嶽ミンチラウタキに隣接した積廻チンマーシであった」としている〔原田訳注 二〇〇五：五五〕。東恩納と言い回しは微妙に違うが、内容的にはほぼ同じであると思われる。

原田の「積廻チンマーシであった」は、少し丁寧に説明すると、石垣を円形に積んで囲った建造物であったという意である。王朝時代の里程塚で、腰高ほどの石垣を円形に積み、中に土を盛ってガジュマルの植えられたものが現存していて、チンマーサーと呼ばれている〔古都首里探訪会 二〇一六：一二四〕。一里塚によく用いられた工法らしく、東恩納は「石垣を以て囲み、一見一里塚とも見える小丘である」と述べているのである。

両者で看過してならないのは、位置の説明である。『琉球国由来記』『琉球国旧記』『球陽』のいずれも、美連嶽と京阿波根塚を関連づけて記載しているわけではない。双方がほぼ同じ場所にあることを、何となく示唆しているのは、『琉球国旧記』の「美連嶽（在中山坊南）」、

「京阿波根塚（在中山坊外）」という記述の「中山坊」という語句だけである。

実際に行ってみると、確かに京阿波根實基塚は、美連嶽の「隣り」、あるいはそれに「近接」している。東恩納も原田も現場まで足を運んでいることが、それによって分かるのである。その「嶽」と「塚」の位置関係を図④に示し、それぞれの現況を写真で示したい。

美連嶽の入口から中の方を眺めると、写真①のとおりである。入口には、那覇市による案内版が設置されている（写真②参照）。それは横書きなので、念のため、縦書きにもしておきたい。[*1]中に入ると、左側奥の大岩の前には、石の香炉が置かれており、そこがイビ（拝所の核になる部分）であることが分かる（写真③参照）。

そこから右側に目を移すと、細い脇道がある。が、雑草が繁茂して、通れそうもないので、一旦大通りに出て、西側から大回りで美連嶽の背後に回る。そこら一帯は、宅地造成で削り取られ、わずかに京阿波根塚だけが、そのまま残され、階段で上れるようになっている（写真④参照）。

階段を上り、美連嶽を見上げると、その嶽の脇道と繋がる階段が付いていて、直接上り下りできるようになっている（写真⑤参照）。そのすぐ側に京阿波根實基の子孫たちが建てた墓碑がある（写真⑤⑥参照）。さらに、墓碑よりも奥まったところに木々や雑草で覆われた窪み

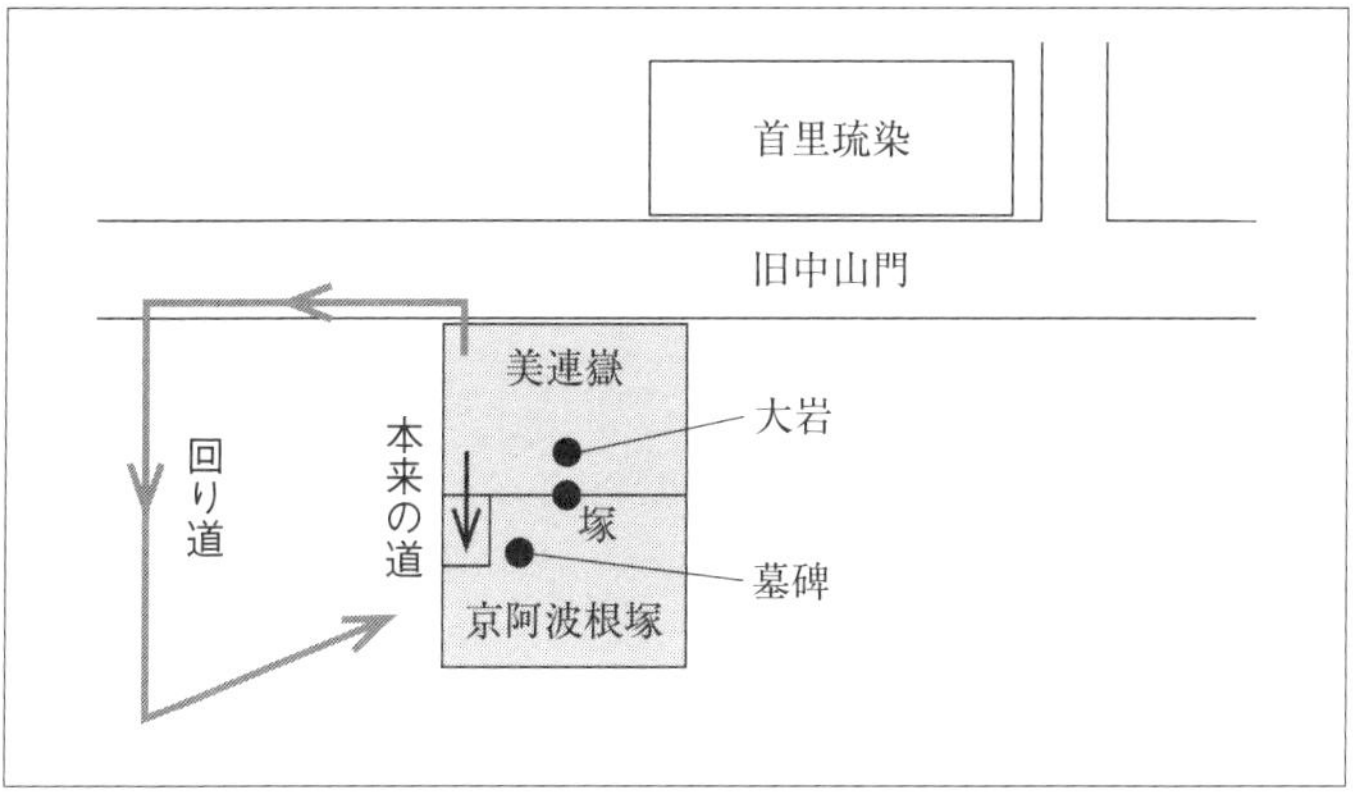

図④　美連嶽と京阿波根實基塚の位置

写真①　美連嶽入口

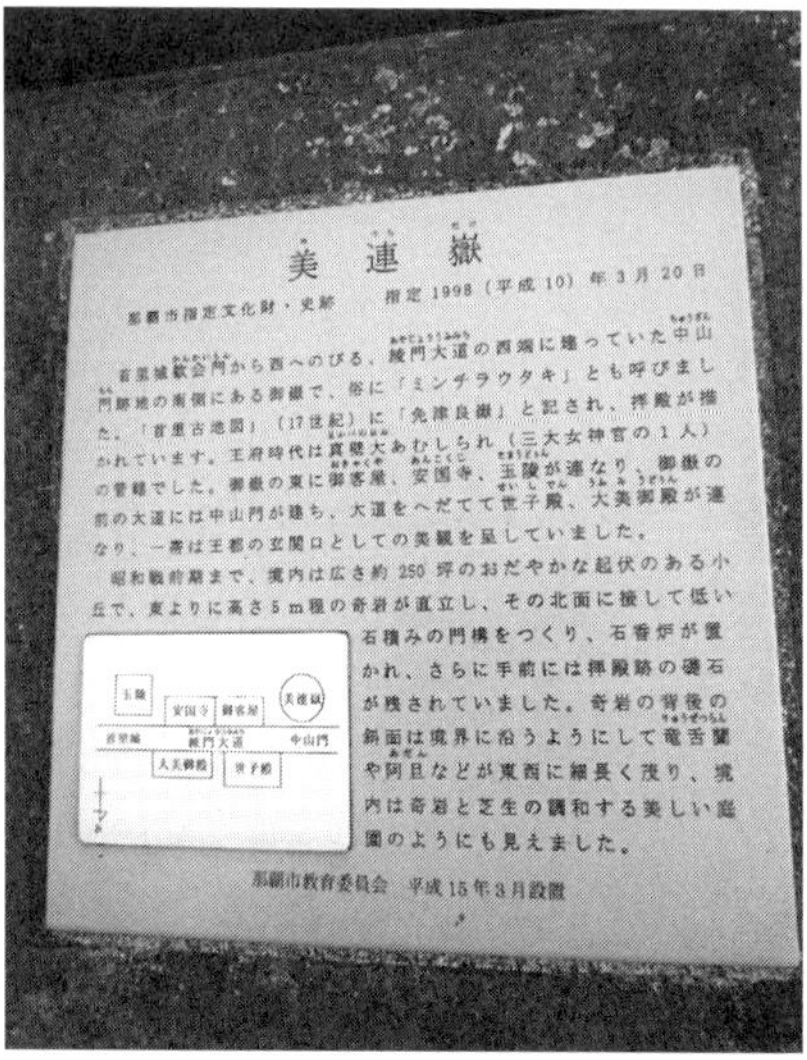

上：写真②　美連嶽案内板
下：写真③　美連嶽のイビ

上：写真④　塚所在地の現状　　下：写真⑤　美連嶽と京阿波根塚

上：写真⑥　墓碑　　下：写真⑦　塚の現状

があり、そこが京阿波根実基の塚である（写真⑤⑦参照）。

「塚」の形状に関する『琉球国旧記』と『球陽』の記述、すなわち「堆石圍爲」（石を積み囲いを為す）は、そこまで行けない状態なので、確認できない。写真⑦に見るとおり、形状などは残念ながら分からないのである。

とは言え、その状況でも、美連嶽と京阿波根實基塚は、表裏一体の可能性が高いことだけは指摘できる。つまり、現在の美連嶽は聖地の核としてのイビの部分で、京阿波根實基塚は、その骨を神として祀っている、神の在所の可能性が高いのである。しかも、『琉球国旧記』や『球陽』、および東恩納や原田の記述から察するに、崖下の窪みを石垣で囲った洞穴墓のようである。恐らく、葬法は風葬で、洗骨もされている、と思われる。

仲松弥秀の御嶽葬地説を待つまでもなく、類例は、文献の中にも民俗事象にもある。一例ずつ挙げると、浦添間切城間村の「古重嶽」について、『琉球国由来記』では「この嶽の神は羽地ノロの骨なり」と記している〔外間・波照間編 一九九七：三二九〕。また、私が直接調査した伊祖グスクは、浦添市伊祖の集落背後の御嶽で、頂上は集落の反対側がイビで、集落側（イビの裏側）は墓になっている。その墓は、現在でも特定の門中によって拝まれている。

ただし、京阿波根實基塚については、個人的には簡単に近づくことすら出来ないという現状が現状なだけに、現時点では、それが美連嶽と表裏一体であり、美連嶽の神は京阿波根實基の骨なり、と言える可能性が高いことを指摘するだけに止めておきたい。と同時に、空手史における京阿波根實基の位置づけにも関わることなので、今後、文献史学や民俗学だけでなく、考古学や形質人類学、建築学なども含む学際的な調査研究が必要であることも指摘しておきたい。

三　京阿波根實基の墓碑

京阿波根實基塚の側にはその子孫達による墓碑が建っている（写真⑤⑥参照）。王府による公的な文書とは性格が異なり、子孫の側からの記録である。實基が今日の社会にどのように繫がっているかを知る上でも、また子孫達がどのようなイメージで實基を捉えているかを知る上でも、それは貴重な記録である。ここでは、那覇市歴史博物館に所蔵されている『虞姓家譜』[*2]や王府編纂の公的文書などに照らしながら、墓碑の内容を検討したい。

前述のとおり、現状では塚に接近することが出来ない。よって、墓碑の前で、直接それを読むことは出来ない。外側から撮影した写真によって、墓碑の文字を起こし、訳を付けてみた。内容的には墓碑と言うよりも、顕彰碑に近いと判断されるので、個人名も敢えて伏すことなく、そのままとした。

京阿波根親方實基之墓碑

虞氏之先稱瀬長按司其子即京阿波根實基也
弘治三年西暦一四九〇年生嘉靖七年西暦一五二八年卒享年三九歳
正徳年間爲花當及長奉使屢至京都同年間為世持當勢頭任阿波根地頭
職嘉靖年間奉命至京留三年盡心致力用計謀取得寳劍治金丸帰国王大
悦勞以賜典褒顕爵自此名声遍於中外蓋其爲人性直才宏無曲私容姿
魁梧膂力大也為時人之所畏怖近臣亦嫉視之而讒王中年命終焉可惜矣

旹昭和四十二年十二月十四日　建立　虞氏十三世裔孫　外間實鼎
撰文　元琉球大学教授　山田有功
謹書　虞氏小宗與儀姓　與儀實太郎

京阿波根親方實基の墓碑

虞氏の先祖は瀬長按司と称し、その子が京阿波根實基である。弘治三年、西暦一四九〇年に生まれ、嘉靖七年、西暦一五二八年に死亡。享年三九歳。正徳年間、花当および長奉使となり、何度も京都に行く。同年間、世持当勢頭となり、阿波根の地頭職に任じらる。嘉靖年間、王命で京に行き、三年間留まる。心を尽くし、力を振り絞り、計謀を用いて、宝剣治金丸を取り戻し、帰国する。王は大いに悦び、その労を褒め称え、高い身分を賜った。それからは、名声が遍く行き渡った。その性格は直、才は宏、曲私は無。容姿は魁梧、膂力は大で、時の人々の畏怖するところとなり、また近臣も妬ましい思いで見るところとなり、王に讒言した。そのため、若くして命終、惜しい限りである。

時昭和四十二年十二月十四日　建立（以下略）

碑文に見るとおり、建立者は虞氏十三世の後裔である。京阿波根實基を始祖とする『虞姓家譜』（写真⑧参照）の中の「虞姓世系圖」（写真⑨参照）では、「大宗實基」と「長男實紹」

の上に王府で承認された証として、「首里王府」の印が押されている。それには「一世」から「十一世」まで記録されている（写真⑨⑩⑪参照）。王国時代は、家譜も世代ごとに書き継がれたが、その崩壊後、公的にはそれがなくなった。それでも、名乗りがしらの「實」[*3]は、直系も傍系も共に維持されていることが建立者名と謹書者名から分かる。

さて、碑文の内容には、家譜における實基に対する説明と異なる点が二点ある。一つは、實基が「瀬長按司」の子とされている点である。家譜では、単に「父稱瀬長」としているのに対して、墓碑では「稱瀬長按司」として、「按司」が加えられている。また、碑文では實基の生没年が記されているが、家譜にはその記載がないのである。つまり、碑文の第一行目と第二行目は、家譜には記載がなく、建立の時点で加わっているのである。

碑文の第三行目から後は、家譜の説明と同じである。その家譜の説明と『琉球国旧記』の記載とを較べると、第三行目を除くと、ほぼ同じ内容である。つまり、第三行目は、家譜を作成する時点で加わっているのである。

要するに、『琉球国旧記』の記載を基にして、『虞姓家譜』では第三行目の實基の役人としての経歴を加え、墓碑ではさらに實基の父親や生没年などに関する情報を加えていることになるのである。そのことは、實基を始祖とする一族がより詳しい記録を所持しているか、も

右上：写真⑧　『虞姓家譜』表紙

右下：写真⑨　「虞姓世系圖」
（一世から九世まで）

左上：写真⑩　「虞姓世系圖」
（九世から十一世まで）

左下：写真⑪　「虞姓世系圖」
（十世から十一世まで）

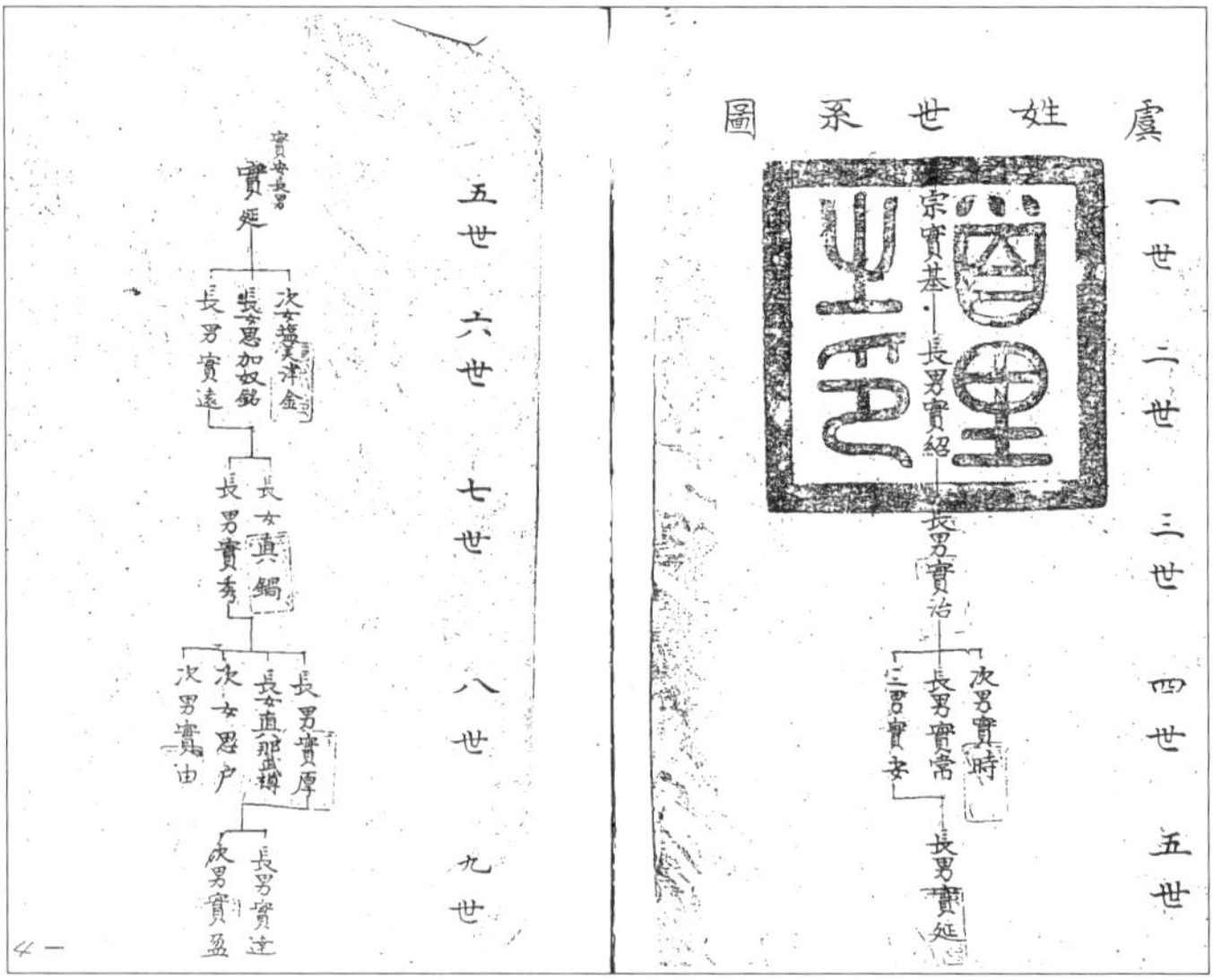

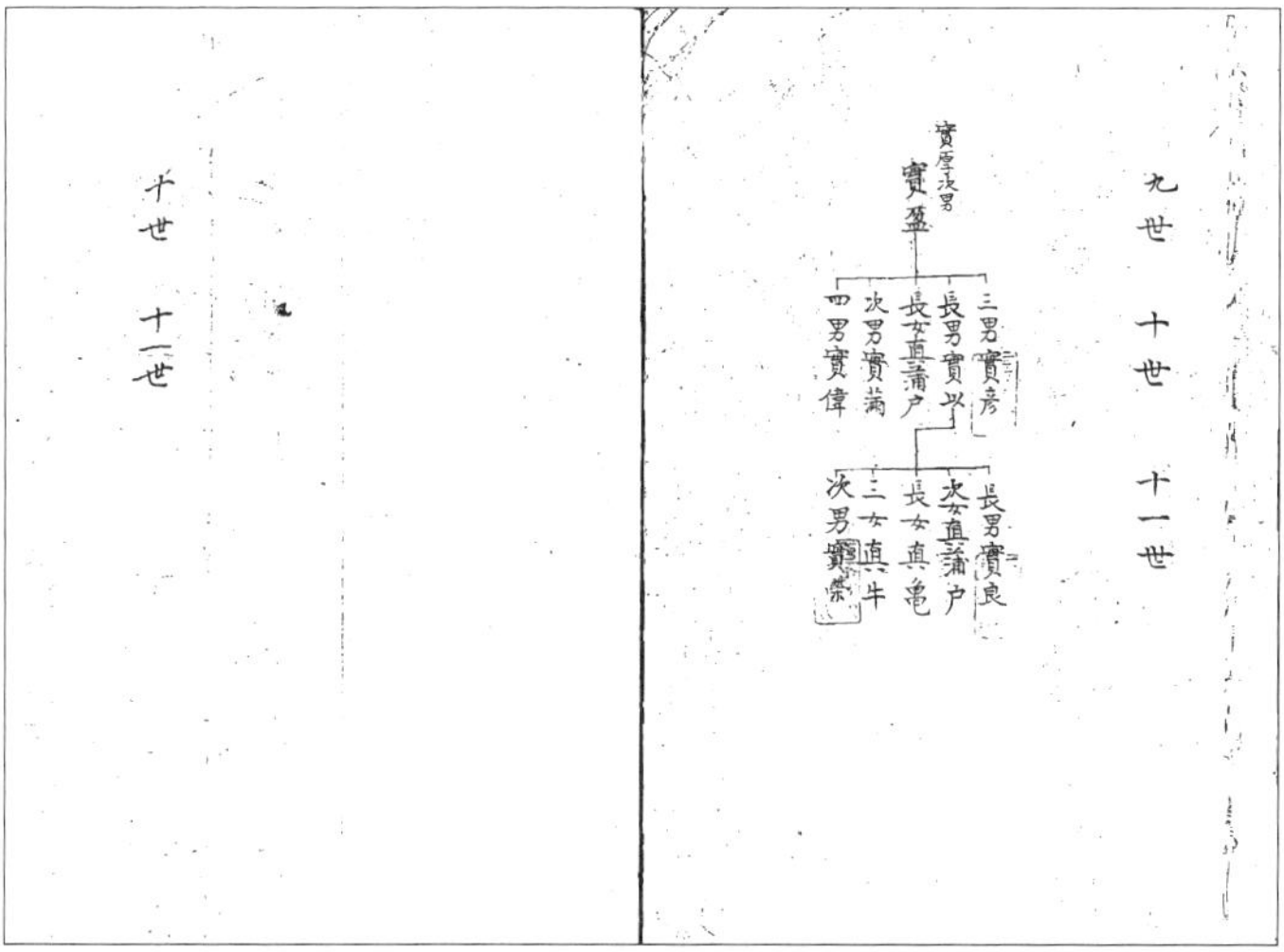
九世
十世
十一世
實厚次男
實盈
三男實彦
長男實以
長女真蒲戸
次男實満
四男實偉
長男實良
次女真蒲戸
長女真亀
三女真牛
十世
十一世

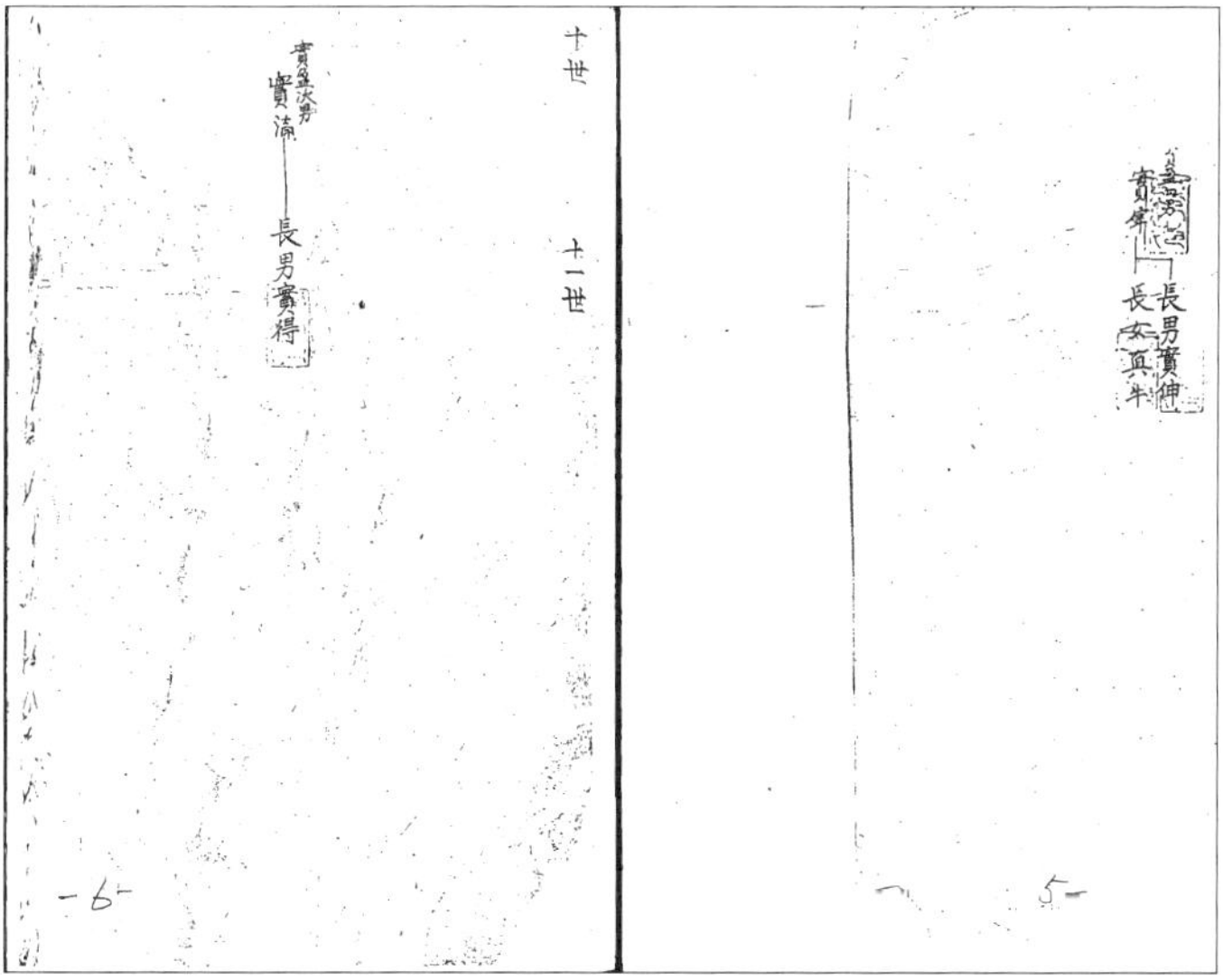
長男實伸
長女真牛
-5-
十世
十一世
實盈次男
實満
長男實得
-6-

しくは伝承を有していることを意味するであろう。

従って、空手の史祖としての實基像をより鮮明にするためには、それらの記録や伝承まで調査しなければならないことになる。空手の史祖は、後裔の子孫達にとっては、門中の始祖でもあるので、前述の学際的な實基塚の調査に際しても、一族の理解と協力を得る必要があるのである。

本書での最大の関心事は、實基の後裔一族が「ティー（手）」の使い手としての實基の伝承を少しでも伝えているか否かという点である。墓碑を見る限り、それは反映されていないが、その点もやはり聞き取り調査が欠かせないのである。

四　空手の史祖

史上最初の空手家が文献で確認されることは、単に歴史という過去形のことと言えなくもない。しかし、その墓が現存し、子孫達による墓碑まで建立されているとなると、過去形は現在形に直結することになる。その今日的な意義とは何であろうか。

私がそれを考える、あるいは考えざるを得ない、切っ掛けになったのは、沖縄県立空手会館での「奉納演武」である。私は、一昨年（二〇一九年）の一〇月二五日、すなわち沖縄県の「空手の日」に、空手会館の特別道場で行われた奉納演武を拝見させて頂いた。いろいろな型の演武自体は、さすがに見事、見応えがあった。しかし、その割には、何か釈然としないものが残った。奉納される対象について、一言も説明がなかったのである。

対象のない奉納は、そもそもあり得ない。通例だと、神仏への奉納ということになる。空手に神や仏がいるわけがないと考えるのであれば、「奉納演武」は成り立たなくなり、「模範演武」ということにしかならないであろう。

果たして、空手には奉納の対象がなくても良いのであろうか。お盆になると、墓の掃除をして、ウヤファーフジ（ご先祖様）をウンケー（お迎え）し、丁寧にウトィムチ（お持てなし）して、お土産まで持たせてウークイ（お送り）する人々が、空手の奉納となると、ウトゥーシ（お通し＝遥拝）の対象すら不在というのは、どう考えても、納得がいかないのである。

従来の研究に問題があったとは言え、史実や墓地が明らかになった以上、京阿波根實基を「ティー（手）」の歴史的ウヤファーフジ（ご先祖様）として、見直すべきではなかろうか。そして、「空手の日」ぐらいは、お墓の掃除をして上げて、わざわざ空手会館までウンケー（お迎え）はしなくても、せめてウトゥーシ（遥拝）ぐらいはしても良いのではなかろうか。大げさに、神仏とまで言う必要はないであろう。「ティー（手）」には、立派なウヤファーフジ（ご先祖様）がいらっしゃることを、これからでも遅くはないので、空手界というクヮーウマガ（子孫）が認め、敬意を表し、追慕すれば、それで良いのである。

門中集団だと、その初代の先祖、すなわち始祖がいる。それと同じ意味で、空手に始祖がいるわけではない。しかし、歴史上知りうる最初の人物は確かにいる。その人物を、史祖と位置づけることは可能なのである。

『琉球国旧記』や『球陽』に描かれた京阿波根實基の人間像も空手の史祖に相応しいと思われる。實基は、采地を与えられ、高い身分に抜擢された後は、「威武を広く発揮し、名を内外に轟かせた」。当時の「威武」の「武」は、丸腰の「カラディー（空手）」以外にはないであろう。

また、「勇力は人並み以上で、局量は広くて大きい」人物だった。その「勇力」に加えて、知力も人並み以上であった、と思われる。京都に三年も滞在し、「心を尽くし、力を振り絞り、多くの奇計を用いて、宝剣を取り戻した」ほど、日本語という外国語に堪能だったのである。

現時点で、美連嶽と京阿波根實基塚が表裏一体で、美連嶽の神は京阿波根實基の骨なり、と断定は出来ないにしても、少なくとも、『琉球国由来記』における京阿波根實基塚は、「此嶽、有中山門坊外」として、「嶽」すなわち神の鎮座する聖地と見なされているので、それだけでも、空手の史祖の葬られている聖地として、奉納の際の遥拝の対象たりうるであろう。

空手の史祖は、単に奉納演武の対象というだけに止まらない、より大きな社会的意義を持つことになるであろう。何よりも、流派はもちろん、国や地域をも越えた空手界全体の象徴たりうるであろう。一昨年（二〇一九年）の一〇月末、首里城が焼失した際には、王国の歴史そのものが灰になった感じがしたものである。象徴とは、そんなものである。首里城が王国の歴史の象徴であれば、空手の史祖は沖縄を越えた空手の象徴なのである。

そのように、史祖と象徴を明確にすれば、今後、沖縄空手をめぐって展開する諸種の局面において、有効に機能するであろう。世界遺産の話もしかりで、経済効果の期待もしかりである。

当然のことながら、史祖や象徴を有すると言うことは、そしてそれを有効活用すると言うことは、それを取り巻く環境整備も必然的に伴うのである。首里城の再建には、建物だけでなく、その周辺整備まで含めたらどうであろうか。特に、沖縄空手にとっては、京阿波根實基塚の周辺整備や中山門の再建は是非ともなされて然るべきであろう。中山門が再建されれば、京阿波根實基の話は具体的に分かり易くなるだけでなく、かつての王都についての理解もより深まるであろう。

ところで、『琉球国由来記』では何の説明もされていない京阿波根實基塚に対して、『琉球国旧記』と『球陽』ではその由来譚を加えているのは、何故であろうか。編者の意図は、奈辺にあるのであろうか。

その点を理解する上で、見落としていけないのは、由来譚の「女君神が現れ、罪もなくして死んだことを悲しみ傷んで、その亡骸を収めて葬った」とするくだりである。その中でも、「罪もなくして死んだ」とたった一言ではあるが、わざわざ明記している点である。恐らく、それは王室との関係を考えると、なかなか簡単に言えることではなかったと思われる。それにも拘わらず、「女君神」の哀れみ、同情という形で、恐らく、王室の逆鱗に触れない程度の、ぎりぎりの表現で、挿入している、と読み取れるのである。

私の理解では、京阿波根實基の死に対する「女君神」の同情は、編者、鄭秉哲の気持ちそのものでもあった、と思われる。實基についての編者の記述は、賛辞に満ちており、惜しい人物を罪もなくして失ってしまった歴史に対する、ささやかな告発と受け取れないこともない。恐らく、歴史家の責務として、王室との関係で許されるぎりぎりの線で、一流の空手家、京阿波根實基の名誉回復を図ったのではなかろうか。

正確には分からないにしても、ともかく、編者のお陰で、今日の我々は空手の史祖を知ることが出来るのである。王朝時代の歴史家、鄭秉哲への感謝も忘れてはならないであろう。

＊1　数字を漢数字に改め、図は省略して、縦書きにすると、次のとおりとなる。

美連嶽《めづらだけ》

那覇市指定文化財・史跡　指定一九九八（平成一〇）年三月二〇日

首里城歓会門から西へのびる、綾門大道の西端に建っていた中山門跡地の南側にある御嶽で、俗に「ミンチラウタキ」とも呼びました。「首里古地図」（一七世紀）に「免面良嶽」と記され、拝殿が描かれています。王府時代は真壁大あむしられ（三大女神官の一人）の管轄でした。御嶽の東に御客屋、安国寺、玉陵が連なり、御嶽の前の大道には中山門が建ち、大道をへだてて世子殿、大美御殿が連なり、一帯は王都の玄関口としての美観を呈していました。

昭和戦前期まで、境内広さ約二五〇坪のおだやかな起状のある小丘で、東よりに高さ五m程の奇岩が直立し、その北面に接して低い石積みの門構えをつくり、石香炉が置かれ、さらに手前には拝殿跡の礎石が残されていました。奇岩の背後の斜面には境界に沿うようにして竜舌蘭や阿旦などが東西に細長く茂り、境内は奇岩と芝生の調和する美しい庭園のようにも見えました。

那覇市教育委員会　平成一五年三月設置

＊2　「家譜」とは、琉球王国において士族だけに所持することを許された家系図のことである。王府では一六八九年に系図座を設け、家臣達に対して家譜の提出を求めた。二部作成され、一部は系図座に保管され、一部は返還・発給された。系図座が検閲し、公認した証として、首里王府の印が押された。

当時の身分制は、サムレー（士）すなわち士族とヒャクショウ（百姓）すなわち平民の二区分だけであった。士族は「系図」を有しているので「系持ち」と称され、反対に、平民はそれを有していないので「無系」と称された。

かつて系図座にあった家譜は、那覇市歴史博物館に移され、保管されている。その総目録は王朝時代に『氏集』と称され、同じ名称で今日でも引き続き刊行されている。それに載っている家譜は同博物館にて閲覧可能である［那覇市 二〇〇八］。

＊3　王朝時代の士族は唐名（中国風の姓名）と名乗り（日本風の姓名）を持っていた。京阿波根實基は名乗りで、その名乗りがしらが「實」である。今日でも、實基を始祖とする父系の子孫――王朝時代は必ずしも厳密な父系ではないが――は、一つの門中として、その名乗りがしらを共有している。京阿波根實基の唐名は虞建極で、家譜では『虞姓家譜』のように、必ず唐名を使用する。

参考文献

安里安恒談・松濤筆
一九一四「沖縄の武技」『琉球新報』（大正三年一月一七日）
伊波普猷
一九七四（一九三三）「古琉球の武備を考察して『からて』の発達に及ぶ」『伊波普猷全集』第五巻、平凡社
伊波普猷・東恩納寛惇・横山重編
一九六二『琉球史料叢書　第三』井上書房
岩井琥珀
二〇〇七『本部朝基と琉球カラテ』愛隆堂
上村幸雄
一九九七「琉球列島の言語：総説」亀井孝・河野六郎・千野栄一編『言語学大事典セレクション　日本列島の言語』三省堂

沖縄県
二〇一八「沖縄空手振興ビジョン（2018年度～2037年度）」https://www.pref.okinawa.jp/site/bunka-sports/karate/vision.html
小野まさ子・漢那敬子・田口恵・富田千夏
二〇〇六「〔文献紹介〕岸秋正文庫文庫『薩遊紀行』」『文献編集室紀要』第三一号、沖縄県教育委員会
嘉手苅徹
二〇一四「『手』から『唐手』へ」島村幸一編『琉球　交叉する歴史と文化』勉誠出版
二〇一七『沖縄空手の創造と展開―呼称の変遷を手がかりにして―』（早稲田大学大学院スポーツ科学研究科学位論文）
二〇二〇「『大島筆記』をめぐる唐手の「伝来」に関する一考察」島村幸一編『琉球船漂着者の「聞書」世界―『大島筆記』翻刻と研究―』勉誠出版
狩俣繁久
二〇〇〇「奄美沖縄方言群における沖永良部方言の位置づけ」『日本東洋文化論集』六
河津梨絵
二〇〇四「『南島雑話』の構成と成立背景に関する一考察」『史料編集室紀要』第九二号
球陽研究會
一九七四「球陽解説」球陽研究會編『球陽　原文編』角川書店
球陽研究會編

一九七四『球陽 原文編』角川書店
球陽研究会編
一九七四『球陽 読み下し編』角川書店
国分直一
一九八四「『南島雑話』の解説」国分直一・恵良宏校注『南島雑話2 幕末奄美民俗誌』東洋文庫四三二、平凡社
国分直一・恵良宏校注
一九八四『南島雑話1 幕末奄美民俗誌』東洋文庫四三一、『南島雑話2 幕末奄美民俗誌』東洋文庫四三二、平凡社
古都首里探訪会
二〇一六『古都首里見て歩き』新星出版
島袋源一郎
一九四一『琉球百話』琉球史料研究会
島袋全発
一九五六『島袋全発著作集』おきなわ社
島村幸一編
二〇二〇『琉球船漂着者の「聞書」世界—『大島筆記』翻刻と研究—』勉誠出版

新里勝彦
二〇〇八「屋部憲通」高宮城繁・新里勝彦・仲本政博編著『沖縄空手古武道事典』柏書房
鈴木耕太
二〇〇六「組躍 敵討物の歌謡」『琉球アジア社会文化研究』第九号、琉球アジア社会文化研究会
ソリドワール，マーヤ・魚住孝至
二〇一〇「空手道の歴史とその精神」『武道論集I――武道の歴史とその精神（増補版）――』国際武道大学附属武道・スポーツ科学研究所
高橋英充
二〇〇八「遠山寛賢」高宮城繁・新里勝彦・仲本政博編著『沖縄空手古武道事典』柏書房
高宮城繁
一九八三「琉球拳法唐手道沿革概要」『沖縄大百科事典』沖縄タイムス
二〇〇八a「沖縄空手道の歴史」高宮城繁・新里勝彦・仲本政博編著『沖縄空手古武道事典』柏書房
二〇〇八b「沖縄の空手の流派」高宮城繁・新里勝彦・仲本政博編著『沖縄空手古武道事典』柏書房
二〇〇八c「空手の定義と種類」高宮城繁・新里勝彦・仲本政博編著『沖縄空手古武道事典』柏書房
高宮城繁・新里勝彦・仲本政博編著
二〇〇八『沖縄空手古武道事典』柏書房
田名真之
二〇一九「近世琉球の空手関連資料」沖縄空手アカデミー講演資料

Choi Hong Hi（崔泓熙、チェ・ホンヒ）
一九八七 *Encyclopedia of Taekwon-Do Patterns, Volume 1*, 2nd Edition, International Taekwon-Do Federation.

鄭燦謨（チョン・サンバク）
一九九一「跆拳道」韓国民族文化大百科事典編纂部『韓国民族文化大百科事典23』韓国精神文化研究院（韓国語）

津波高志
二〇一八『奄美の相撲—その歴史と民俗—』沖縄タイムス

桃原慶長
二〇〇八「沖縄の空手の流派」高宮城繁・新里勝彦・仲本政博編著『沖縄空手古武道事典』柏書房

戸部良熙
一九六八（一七六三）「大島筆記」宮本常一・原口虎雄・比嘉春潮編『日本庶民生活史料集成　第一巻　探検・紀行・地誌（南島篇）』三一書房

永井竜一編
一九三三『南島雑話補遺篇』白塔社

仲宗根源和
二〇一七（一九三八）「空手道修練の豫備知識」仲宗根源和編『空手道大観　改定縮刷版』榕樹書林

仲宗根源和編
二〇一七（一九三八）a「近代の拳聖・糸洲安恒先生の遺稿」仲宗根源和編『空手道大観　改定縮刷版』榕樹書林
二〇一七（一九三八）b「船越義珍先生と先生の墨蹟」仲宗根源和編『空手道大観　改定縮刷版』榕樹書林
仲原善忠
一九五六「文献に現れた空手」『月刊唐手道』第一巻第二号（六月号）
仲本政博
二〇〇八「沖縄の代表的武器術」高宮城繁・新里勝彦・仲本政博編『沖縄空手古武道事典』柏書房
仲本政博・東江優
二〇〇八「佐久川寛賀」高宮城繁・新里勝彦・仲本政博編『沖縄空手古武道事典』柏書房
仲本政博・津波清
二〇〇八「沖縄伝統古武道とは何か」高宮城繁・新里勝彦・仲本政博編『沖縄空手古武道事典』柏書房
那覇市
二〇〇八『氏集（第五版　増補改訂版）』那覇市歴史博物館
西里喜行
一九九七「中琉交渉史における土通事と牙行（球商）」『琉球大学教育学部紀要』五〇
盧秉直（ノ・ビョンジク）

一九八五「テコンドー松武館盧秉直翁真筆手紙」http://biz.heraldcorp.com/view.php?ud=20150105000034（「ヘラルド経済　インターネット版」韓国語）
昇曙夢
一九四九『大奄美史―奄美諸島民俗誌―』奄美社
濱川謙
二〇一八『統一の流儀―「振興会」は、なぜそこにあるのか―』琉球書房
原田禹雄訳注
一九九九『徐葆光　中山伝信録　新訳注版』榕樹書林
二〇〇五『訳注　琉球国旧記』榕樹書林
東恩納寛惇
二〇一二（一九三五）「徒手空拳の大武術」船越義珍『唐手道教範復刻版』榕樹書林
一九五〇『南島風土記―沖縄・奄美大島地名辞典―』沖縄郷土文化研究会
一九七八（一九四二）『東恩納寛惇全集』第五巻、第一書房
比嘉春潮・新里恵二
一九六八「大島筆記　解題」宮本常一・原口虎雄・比嘉春潮編『日本庶民生活史料集成　第一巻　探検・紀行・地誌（南島篇）』三一書房
船越義珍
二〇一二（一九三五）宮城篤正解題『空手道教範復刻版』榕樹書林

一九七六（一九五六）『愛蔵版空手道一路』榕樹書林
フル・コム編
二〇〇九『公開！　沖縄空手の真実―君は本物の空手を見たことがあるか？―』東邦出版
ペラール，トマ
二〇一三「日本列島の言語の多様性　琉球諸語を中心に」田窪行則編『琉球列島の言語と文化　その記録と継承』くろしお出版
外間守善・波照間永吉編
一九九七『定本　琉球国由来記』角川書店
松井健
一九八九『琉球のニュー・エスノグラフィー』人文書院
馬淵東一
一九七四（一九六八）「琉球世界観の再構成を目指して（邦訳）」『馬淵東一著作集』第三巻、社会思想社
摩文仁賢和
二〇〇六（一九三四）宮城篤正解説『攻防自在　護身術空手拳法　復刻版』榕樹書林
宮城鷹夫
二〇〇八「沖縄の土着文化と武術」高宮城繁・新里勝彦・仲本政博編著『沖縄空手古武道事典』柏書房
宮城長順

二〇〇八（一九三四）「唐手道概説」高宮城繁・新里勝彦・仲本政博編著『沖縄空手古武道事典』柏書房
宮城篤正
一九八七『空手の歴史』ひるぎ社
宮本常一・原口虎雄・比嘉春潮編
一九六八『日本庶民生活史料集成　第一巻　探検・紀行・地誌（南島篇）』三一書房
本部朝基
二〇〇七（一九三二）「私の唐手術」岩井琥珀『本部朝基と琉球カラテ』愛隆堂
柳田國男
一九六七『郷土生活の研究』筑摩書房
山内盛彬
一九九三（一九六四）「王城落成祝の木遣（チヤyi）音頭」『山内盛彬著作集』第二巻、沖縄タイムス社

あとがき

本書の執筆を始めたのは、昨年（二〇二〇年）の一月中旬頃からである。いまだ信じがたいことであるが、作業を開始して間もなく、新型コロナ騒ぎが起きてしまい、当初の計画は、あっけなく雲散霧消の憂き目を見てしまった。せっかく、年末から年始にかけて構想を練ったのであるが、そのとおりにはいかなくなったのである。そこらの経緯を少し記しておきたい。

私は、一昨年（二〇一九年）の一一月二三日、沖縄県立芸術大学で開催された沖縄民俗学会の月例会で、「沖縄伝統空手の文化論―何が固有あるいは独特か――」という題で、研究発表を行った。

焼失したばかりの首里城を仰ぎながら、何となく寂寞とした思いの中での発表であった。年末年始の構想は、その草稿を基にして、空手の練習風景や著名な空手家達の生の声なども盛り込んで、少し柔らかい、臨場感のある内容にしたかったのである。

民俗学徒の私にとっては、国の内外を問わず、自由に動き回り、かつ人々との親密な交流がなければ、研究そのものも、それに基づく論著の執筆も、端からなり立たない。それが出来なくなる状況は、夢想だにしなかったのである。だが、それが実際に起きてしまったのである。結局、予定していた聞き取り調査や写真撮影などは一切諦め、構想を再度練り直し、理詰めだけで、なんとかまとめたのが本書なのである。

小著とはいえ、執筆しながら、色々と感じるところがあった。それに関して、二点だけ触れておきたい。一つは、「まえがき」でも述べたとおり、従来の研究には、根拠を示さないまま語られる過去の推定が、余りにも多いという点である。誤解のないように一言いうと、私はなにも推定が一〇〇パーセント悪いと思っているわけではない。問題は、どこまでが信頼に足る典拠によるものか、またどこからがそれに依拠した推定なのかを意識し区別すべきと言うことなのである。

もう一つは、漢字表記された琉球語の扱い方、あるいは逆に琉球語の漢字表記の仕方という点である。琉球語はそれを表記する固有の文字を生み出すことはなかった。代わりに、漢文や和文による表記は行われて来たのであり、その意味で近世琉球は無文字社会ではなく、他国文字利用社会だったのである。しかも、今日では、歴史家達の尽力によって、多くの翻刻がなされ、他の分野の研究者にも門戸が開かれている。ただ、その利用に際しては、表記された琉球語の読み方には注意が必要なのである。本書は、その点をめぐる従来の研究の再検討と言っても、過言ではないほどである。

その代表が『琉球国旧記』と『球陽』の「空手」である。これまでの研究において、それを「カラディー」と読めなかったことが、沖縄の空手界に相当な負の影響を及ぼしている。今を去る五〇〇年前に、ちゃんとした空手の史祖がいたにも拘わらず、正当な位置づけがなされなかったのである。これからでも遅くはないので、早急に、京阿波根實基を空手界の史祖として祀り、敬意を表した方が良いのではなかろうか。ウガンブスク（拝み不足＝弔い不足）で、罰を受けないうちに、頑張るべきではなかろうか。

本文で述べたとおり、私は実際に京阿波根實基塚を確かめに行ってみた。残念ながら、塚の前には近づくことすら出来ない状況である。重要な文化財であれば、当然あるはずの表示もなく、周辺の整備もされていない。写真撮影もままならないほどなのである。一体どういうことか、県の文化財課に尋ねたところ、県どころか、那覇市の文化財にも指定されていないのである。

従来の研究に責任の全てがあるとは言え、その状況は最悪である。虞姓一族と相談しながら、早急に是正されて然るべきであろう。空手を国の内外に広く発信する際に、これほど貴重なリソースはないのである。沖縄県の空手振興課と文化財課の業務分担は、私にはよく分からないのであるが、その解決は多分に文化財課の業務ということになるであろうか。

本書の脱稿間際に、沖縄県挙げて、伝統空手を世界遺産に登録するために動き出したとのニュースが報じられた。これまでも世界遺産の話は聞いていたのであるが、やっと本格化したか、という感じである。老婆心ながら、それに関しても、私が感じていることを若干記しておきたい。

ユネスコへの推薦は、国内の競争だけでも大変な困難が予想される。一国で一件しか毎年推薦できない仕組みになっているからである。本文では、首里城再建の一環として、伝統空手を取りまく環境整備も必要だと書いたが、それでは余りにも遅いかも知れない。それとは切り離して、あるいは切り離さなくとも、それを最優先して、早急に整備に取りかかるべきであろう。

それと並行して、空手に関する研究体制も整備し、幾つかの個別科学が学際的な共同研究を始動させることも、考えた方が良いのかも知れない。取りあえず、規模は小さくても構わないので、具体的に研究課題を設定し、五年なら五年、一〇年なら一〇年という具合に、年限を切って、成果をその都度公表し、国の内外に発信していく研究組織を発足させたらどうであろうか。

ただ、その場合、研究対象を沖縄県内だけに限定してはいけないであろう。そこに限定して良いのは、本書で扱った空手史の「基本形の時代」だけであり、「多様化の時代」となると、それこそ世界中に広がる。その状況の中での研究ということになり、しっかりした課題が設定され、それに見合う事前の準備がなされていないと、金と暇の無駄遣いに終わってしまう危険性もないわけではないのである。

コロナ騒ぎが収まったら、取りあえず東アジア規模でも構わないので、国際シンポジウムを開催してみたらどうであろうか。中国武術との比較は、空手界にとっても関心の的であろうし、既に世界遺産になっている韓国の伝統武芸との比較も、今後の参考になるのではなかろうか。

年を取ると、足が不自由になる分だけ、口が自由に動き回るのかも知れない。おしゃべりし過ぎたので、ここらで止めたいのであるが、もう一点だけ、私事で申し訳ないのであるが、記しておきたい。

私は琉球政府立名護高等学校の卒業生である。実は、在学中に空手を習っていた。学校では空手部の先輩に、家では父親に、それぞれ教えて貰っていたのである。父は県立師範学校の一九二一（大正一〇）年の卒業生である。その同級生の方が、卒業生達の文集『龍譚一〇〇年』に、屋部憲通先生の思い出話を綴っている。その中で、空手がうまいと屋部先生から褒められていた三人の学生がいたことを、実名を挙げて紹介している。何と、その中の一人が、私の父なのである。

父によれば、屋部軍曹（父は屋部先生をそう呼んでいた）がご子息の件でハワイに渡られた後の師範学校の空手部は、学生だけで自主的に運営されていた。父は、そのときの空手部長であった。父の得意な型は、屋部軍曹直伝のクーサンクーとゴジューシホーで、何度も繰り返し、それら二つの型を見せてくれた。しかし、忙しい高校生活の中で、それらを習得しようという意欲は全くなかった。

ならば、比較的短く、覚えやすい型を教えてやろうということで、父がサールー（父は本部朝基のことをそう呼んでいた）から習ったセイサンを教えてくれた。父によれば、師範学校では、屋部軍曹の後任として、体育と軍事教練を担当する教員を探していた。どうも、複数の候補者がいたらしく、父は学生であるにも拘わらず、師範学校を代表して本部朝基に会ってくるように依頼されたとのことである。本部御殿に訪ねると、型を演じて見せるように言われた。実際に一つ演武したところ、褒めてくれて、「トー　ワンガ　ティーチェ　ナラーサヤー」（さて、私が一つは教えて上げよう）ということで、教えて貰った型がセイサンだったのである。

私の高校時代の空手は、巻藁・ナイハンチ初段・セイサンで、一杯いっぱいであった。当時は、私なりに一生懸命やったつもりであるが、その後は一切空手とは無縁であったため、今日では、全く記憶から消えてしまっている。今にして思えば、せめてセイサンだけでも忘れずにおれば、大いに老後の自慢の種になったことであろうが、残念至極、歳月の遥か彼方に消え去ってしまった。

父からは、屋部軍曹をはじめとする、当時の空手家や空手界の状況についても多少は聞いた。ここでは割愛するが、いろいろと懐かしく思い出しながら、執筆を続けてきた次第である。本書を「父・徳助の霊前に捧ぐ」とする所以である。

最後に、本書の出版を引き受けて下さった七月社、西村篤氏に心より感謝申し上げます。原稿のチェックは厳しく、かつ緻密で、私の初校ゲラには予め訂正された多数の文字が躍っていた。原稿を書く側と読者の側、双方の間を取り持つ役割として、大変な苦労をなさっていることがよく分かった。改めて、ニヘーデービル（有り難う御座います）と申し上げます。

[や]

人名索引

事項索引

［著者略歴］

津波高志（つは・たかし）

1947年　沖縄県に生まれる

1971年　琉球大学法文学部国語国文学科卒業

1978年　東京教育大学文学研究科博士課程単位取得退学（史学方法論民俗学専攻）

2012年　琉球大学法文学部教授定年退職

現　在　琉球大学名誉教授・沖縄民俗学会顧問

単著『沖縄社会民俗学ノート』（第一書房、1990年）
『ハングルと唐辛子』（ボーダーインク、1999年）
『沖縄側から見た奄美の文化変容』（第一書房、2012年）
『奄美の相撲―その歴史と民俗―』（沖縄タイムス社、2018年）
『沖縄の空手―その基本形の時代―』（七月社、2021年）

共著『変貌する東アジアの家族』（早稲田大学出版部、2004年）
『中心と周縁から見た日韓社会の諸相』（慶應義塾大学出版会、2007年）
『東アジアの間地方交流の過去と現在』（彩流社、2012年）
『済州島を知るための55章』（明石書店、2018年）
『大伽耶時代韓日海洋交流と現代的再現』（韓国ソンイン出版、2020年）
その他多数

沖縄《おきなわ》の空手《からて》——その基本形《きほんけい》の時代《じだい》

2021年4月14日　初版第1刷発行

著　者……………………津波高志

発行者……………………西村　篤

発行所……………………株式会社七月社
〒182-0015　東京都調布市八雲台2-24-6
電話・FAX　042-455-1385

印刷・製本……………株式会社厚徳社

Printed in Japan　ISBN 978-4-909544-17-9　C0039

七月社の本

琉球王国は誰がつくったのか
——倭寇と交易の時代

◉

吉成直樹著

交易者たちの国家形成

農耕社会を基盤とし沖縄島内部で力を蓄えた按司たちが、抗争の末に王国を樹立したという琉球史の通説は真実か？

政情不安定な東アジアの海を背景に、倭寇らがもたらした外部からの衝撃に焦点をあて、通説を突き崩す新しい古琉球史を編み上げる。

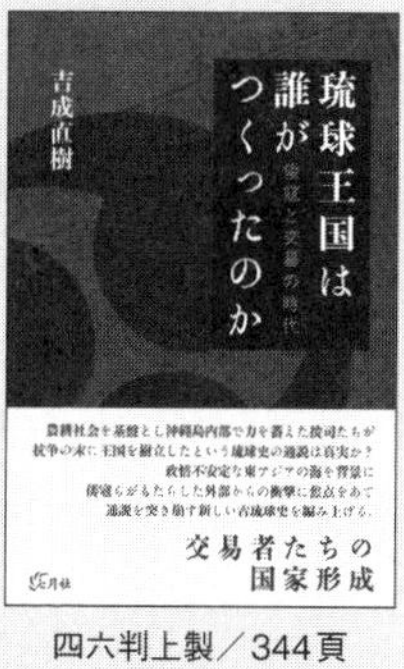

四六判上製／344頁
ISBN 978-4-909544-06-3
本体3200円＋税
2020年1月刊

［主要目次］

第一章 グスク時代開始期から琉球国形成へ
——通説の批判的検討

農耕の開始は農耕社会の成立を意味するか／グスク時代初期の交易ネットワーク／琉球の貿易システムの転換／琉球を舞台とする私貿易／「三山」の実体と覇権争い／倭寇の拠点としての「三山」　ほか

第二章「琉球王国論」とその内面化
——『琉球の時代』とその後

「琉球王国論」を読む／『琉球の時代』が描く歴史像と特徴／『琉球の時代』の意図するもの／その後の「琉球王国論」の展開／「琉球王国論」の内面化／仲松・高良論争

七月社の本

近代の記憶——民俗の変容と消滅
野本寛一著

高度経済成長は、日本人の価値観を大きく変え、民俗は変容と衰退を余儀なくされた。最後の木地師が送った人生、戦争にまつわる悲しい民俗、イロリの消滅など、人びとの記憶に眠るそれらの事象を、褪色と忘却からすくいだし、記録として甦らせる。

四六判上製400頁／本体3400円＋税
ISBN978-4-909544-02-5 C0039

木地屋幻想——紀伊の森の漂泊民
桐村英一郎著

高貴な親王を祖に持ち、いにしえより山中を漂泊しながら椀や盆を作った木地屋たち。木の国・熊野の深い森にかすかに残された足跡、言い伝えをたどり、数少ない資料をたぐり、木地屋の幻影を追う。

四六判上製168頁／本体2000円＋税
ISBN978-4-909544-08-7 C0039

「小さな鉄道」の記憶
——軽便鉄道・森林鉄道・ケーブルカーと人びと

旅の文化研究所編

地場の産業をのせ、信仰や観光をのせ、そして人びとの暮らしと想いをのせて走った「小さな鉄道」。聞き書きや資料をもとに描く、懐かしく忘れがたい物語。

四六判上製288頁／本体2700円＋税
ISBN978-4-909544-11-7 C0065